가톨릭 신학 방법론 소개

Systematic Theology: Task and Methods

프랜시스 쉬슬러 피오렌자

가톨릭 신학 방법론 소개

Systematic Theology: Task and Methods

프랜시스 쉬슬러 피오렌자

가톨릭 신학 방법론 소개

2026년 4월 1일 초판 1쇄 발행

지음 프랜시스 쉬슬러 피오렌자
옮김·펴냄 김지호

도서출판 100
전　화 070-4078-6078
팩　스 050-4373-1873
소재지 경기도 파주시 아동동
이메일 100@100book.co.kr
홈페이지 www.100book.co.kr
등록번호 제2016-000140호

ISBN 979-11-89092-65-8 03230

목차

머리말

나는 여기서 로마 가톨릭이 신학을 이해하는 방식과 신학을 수행하는 방법에 대해 역사적으로, 기술적으로, 체계적으로 개괄하려 한다. 먼저 I부에서는 **신학**이라는 용어가 역사적으로 어떻게 사용되었는지에 대해, 그리고 그리스도교 성서를 신학 저술로 보는 것에 대해 몇 가지 예비적 논의를 할 것이다. 그런 다음 II부에서 신학에 관한 세 가지 고전적 견해를 소개할 것이다. 아우구스티누스와 아퀴나스와 신스콜라주의의 견해다. III부에서는 신학에 대한 다섯 가지 현대적 접근 방식을 분석하며 각각의 강점과 약점을 살펴볼 것이다. IV부부터는 로마 가톨릭 신학이 오늘날 직면한 다양한 도전에 대해 평가할 것이다. 그러면서 적절한 신학 방법론을 제안할 것인데, 다양한 요소와 기준을 통합하고자 하는 방법론이다. 대개 방법론에 관한 논의는 구체적인 내용을 다룰 때보다 추상적이다. 따라서 신학 방법론에 익숙하지 않거나 흥미가 별로 없는 독

자라면 조직신학의 각론을 먼저 읽고 신학 방법에 대한 분석으로
돌아오는 편이 좋을 수도 있다.

Introduction

I

서론

1. 신학의 취약성

신학은 학계에서 다루는 학문이면서도 신앙과 관련된다는 점에서 취약한 학문이다. 신학은 학문 분야로서 다른 학문 분야와 모든 학술적 목표를 공유한다. 곧 신학은 역사적 면밀성, 개념적 엄밀성, 체계의 일관성, 해석의 명확성을 추구한다. 하지만 신학은 신앙과 관련되며, 따라서 신앙 본유의 취약성을 공유한다. 그래서 신학은 과학이라기보다 희망에 훨씬 가깝다. 신학은 단단한 지반 위에 세워진 피라미드보다 바다 물결 위에 출렁이는 뗏목에 훨씬 가깝다.

그리스도교 신학은 역사에서 시종일관 이러한 애매함을 감수해 왔다. 신학자들은 항상 신학과 신앙의 관계를 통해 신학의 취약함을 상기해 왔다. 그럼에도 신학자들은 신학의 학문적 성격과 과학적 엄밀함을 끊임없이 주장해 왔다. 예를 들어, 오리게네스와 아우구스티누스는 그리스도교 신학을 후기 고대의 철학적 지식 및 학문과 연결하려 했다. 중세 대학의 맥락에서 토마스 아퀴나스는

『신학대전』 집필에 착수하며, 학문 분야로서 거룩한 교리가 신에 관한 철학적 탐구 이상으로 지식에 독특하게 기여할 수 있는지 물었다. 19세기에 프리드리히 슐라이어마허와 요한 폰 드라이는 현대 대학교 내에서 신학의 지위에 이의를 제기하는 이들에게 신학의 지위가 정당함을 주장했다. 자연 과학이 학계를 지배하고 있고 또한 종교학이 등장한 21세기에 그리스도교 신학자들은 학계에서 신학이 차지하는 자리가 정당하냐는 항의를 받는다. 종교학자들은 신학이 신앙을 고백하는 분야지 대학에 기반을 둘 만한 분야가 아니라고 비하하기도 한다.

신학이라는 말은 어원상으로도, 역사적으로도, 체계상으로도 애매하다. 어원상으로 **신학**(theology)은 하느님(*theos*)의 말씀·담론·이야기·언어(*logos*)를 의미한다. 그런데 문제가 있다. 여기서 하느님의 말씀(the word of God)이 주어적 속격으로 하느님의 말씀을 의미하는가? 아니면 목적어적 속격으로 하느님에 관한 말을 의미하는가? 전자는 하느님이 하신 말씀을 가리키는 반면, 후자는 하느님을 이해하려는 인간의 노력을 가리킨다.[1] 두 가지 용례 모두

---

1   Ferdinand Kattenbusch, "Die Entstehung einer christlichen Theologie: Zur Geschichte der Ausdrücke *theologia, theologein, theologos,*" *Zeitschrift für Theologie und Kirche* 11 (1930): 161-205; repr. *Die Entstehung einer christlichen Theologie* (Darmstadt: Wissenschaftliche Buchgesellschaft, 1962). 또한 다음을 보라. Gerhard Ebeling, "Theologie I. Begriffsgeschichtlich," *Religion in Geschichte und Gegenwart*, cols. 754-70; J. Stiglmayr, "Mannigfache Bedeutungen von 'Theologie' und 'Theologen,'" *Theologie und Glaube* 11 (1919): 296-309.

초기 그리스도교 전통에서 볼 수 있다. 성 아우구스티누스는 『신국론』에서 하느님에 관한 담론을 의미하는 목적어적 의미로 theologia라는 용어를 사용한다(de divinitate ratio sive sermo).[2] 그리스 저자 중에서 예를 들면 디오니시우스 아레오파기타(6세기경)는 *theologia*를 인간의 학문이 아니라 신의 담화를 가리키는 말로 사용했다. 특히 거룩한 경전이라는 신의 담화를 가리키려고 사용했다. 거룩한 경전은 단지 하느님에 관해서 말하는 것이 아니라 하느님의 발언 자체다. 오늘날에는 이런 용례가 널리 사용되지 않으며, 신학은 주로 하느님에 관한 인간의 연구를 가리킨다.[3]

역사적으로 **신학**이라는 말은 13세기 이후에야 비로소 그리스도교 신학을 나타내는 보편적이고 포괄적인 용어로 자리 잡았다. 초기 그리스도교 저자들은 이 말을 하느님에 관한 그리스도교의 담론보다, 주로 하느님에 관한 이교도의 철학적 사변을 가리키는 데 사용했다. 하느님에 관한 그리스도교의 담론은 주로 하느님의 구원 계획 내지 경륜에 초점을 두고 있었기 때문이다. 그리스도교 교리로 불린 담론은 단순히 신학만을 의미하지 않았다. 하느님만을 주제로 삼은 또 하나의 철학적 담론도 아니었다. 그리스도교의 담론은 하느님의 '경륜'을 설명했다. 예수 그리스도 안에서, 또한 그

---

2   아우구스티누스, 『신국론』 8.1.

3   다음을 보라. Joseph Ratzinger, *Principles of Catholic Theology: Building Stones for a Fundamental Theology* (San Francisco: Ignatius, 1987), 320-22.

리스도교 공동체 안에서 하느님이 하시는 구원 계획과 활동에 관해 이야기했다. 중세 초기에는 sacra doctrina, sacra scriptura, sacra pagina 혹은 divina pagina가 이 학문 분야를 가리키는 통상적인 표현이었다. 이 용어들은 그리스도교 교리에서 그리스도교 성서의 우선성을 나타냈다. 중세의 가르침은 성서 주석이나 성서 본문에 부가된 문제를 해설하는 데서, 논쟁적 쟁점에 관한 본격적이고 체계적인 논의로 진전되었다. 그러면서 **신학**이라는 용어가 그리스도교 교리를 포괄하는 표현으로 부상했다. 13세기에 이르러서야 **신학**이라는 말이 오늘날 우리가 생각하는 포괄적 의미를 담게 되었다.[4]

체계상으로 보더라도 현재 이 용어가 사용되는 방식은 애매하다. 신학은 대개 모든 신학적 학문 분야를 아우르는 포괄적 용어로 사용된다. 그러면서도 조직신학으로 알려진 특정 분야를 지칭하기도 한다. 신학 분야의 분화는 근대에 이르러 긴 과정을 거치며 이루어진 결과다.[5] 신학은 또한 종교학과 대비되는 말로도 사용된다. 즉, 전자는 신앙 고백적인 접근 방식을 가리키는 말로 사용되고, 후자는 그러한 헌신을 배제하는 말로 사용된다.[6] 그럼에도 '종교

---

4   J. Rivière, "Theologia," *Revue des sciences religieuses* 16 (1936): 47-57.

5   Edward Farley, *Theologia: The Fragmentation and Unity of Theological Education* (Philadelphia: Fortress Press, 1983).

6   Francis Schüssler Fiorenza, "Theological and Religious Studies: The Contest of the Faculties," in *Shifting Boundaries: Contextual Approaches to the Structure of Theological Education*, ed. Barbara Wheeler and Edward

학'(religious studies)과 '신학 연구'(theological studies)는 때때로 상호 교환적으로 사용되기도 한다.

신학의 본성과 방법은 그리스도교 사상사에 존재하는 수많은 다양성―다양한 학파, 방법, 접근법―이 관련된 문제다.[7] 그럼에도 이 모든 다양성의 한복판에는 상수가 몇 가지 있다. 신학의 과제와 방법을 살필 때 우리는 다양성과 상수를 모두 인지해야 한다.

상수 중 하나는 성서다. 성서는 그리스도교 공동체들의 전통과 정체성을 이루는 일차적 요소다.[8] 그럼에도 성서의 의미는 공동체의 해석에 의존한다. 아우구스티누스의 성서 해석은 신플라톤주의 해석학이라는 그의 배경 이론에 굉장히 많이 기대고 있다. 19세기에는 역사비평적 방법이 해석 도구로 사용되기 시작했다. 오늘날에는 다양한 해석 이론이 우리의 해석 수행에 영향을 미친다. 성서는 여전히 상수지만 해석 수단은 각기 다양하다. 공동체의 전통과 신조문도 마찬가지다.

공동체의 경험은 신학에서 또 하나의 상수다. 하지만 작용한다는 면에서는 상수지만 작용 방식은 다양하다. 공동체마다 서로 경험이 다를 뿐만 아니라, 공동체의 신학에 따라 경험의 비중을 다르게 둔다. 또한 경험을 해석하는 데 사용하는 범주도 매우 다양하

Farley (Atlanta: Westminster, 1991).

7   Yves Congar, *A History of Theology* (Garden City, NY: Doubleday, 1968).

8   Francis Schüssler Fiorenza, "The Crisis of Scriptural Authority: Interpretation and Reception," *Interpretation* 44 (1990): 353-368.

다. 공동체의 경험에 호소하는 것 자체는 상수지만, 경험의 역할은 그리스도교 신학사 전반에 걸쳐 상당한 차이가 있다.

또 다른 상수는 성서, 전통, 경험을 해석하기 위해 몇 가지 기본적인 접근법, 혹은 절차나 방법에 의존한다는 점이다. 그러한 절차는 일반적이고 암묵적인 접근법일 수도 있고, 명시적이고 구체적인 방법일 수도 있다. 그러한 절차는 배경 이론이라 할 만한데, 그 이론이 공동체가 그들의 담론, 전통, 경험을 해석하는 방식의 바탕을 이루며 영향을 미치기 때문이다. 따라서 그리스도교 신학의 본성과 과제와 방법에 대한 분석은 전통·경험이라는 상수와 전통·경험을 해석하는 배경 이론의 상호 작용에 주목해야 한다.[9]

---

9   전통, 경험, 배경 이론, 공동체에 주의를 기울이는 이 과제의 조직적 성격은 이 책 IV부에서 전개할 것이다.

2. 그리스도교 성서: 증언과 신학적 숙고

현대 신학은 성서의 중심에 신학적 숙고가 있음을 예리하게 인지해 왔다. 성서는 신학적 숙고를 위한 원천 자료일 뿐만 아니라, 성서 자체도 신학적 숙고의 사례다. 그리스도교 성서는 단순히 예수님을 그리스도로 증언하기만 하는 것도, 순전히 초기 그리스도교 공동체의 신앙을 증언하기만 하는 것도 아니다. 성서의 증언은 예수님을 신학적으로 해석하려고 시도하는 가운데 나왔으며, 신앙을 숙고한 증거다. 따라서 그리스도교 성서는 신앙의 상징과 증언으로만 이루어져 있지 않고, 그 상징과 증언 속에서 드러나는 신학적 숙고도 담고 있다.

이 같은 그리스도교 성서관은 과거의 관점과 대조된다. 과거에는 성서를 주로 신학의 원리를 제공하는 원천으로, 혹은 신학적 숙고의 대상으로 보았다. 19세기에는 일부 학자가 성서의 특정 부분을 신학적 숙고가 구현된 것으로 인정했다. 예컨대 바울과 요한

을 위대한 신학자로 보았지만, 공관복음 저자들에 대해서는 원자
료 수집자 혹은 편집자로만 보았다. 오늘날에는 성서의 모든 글이
신학적이라는 데 대체로 의견이 일치한다. 그리스도교 성서에는
숙고된 증언과 믿는 신학을 동시에 표현하지 않은 부분이 하나도
없다.

이러한 확신은 제2차 바티칸 공의회에서 단호하게 확언되었다.
「하느님의 계시에 관한 교의 헌장」(Dei verbum)은 신약성서 저술
에 신학적 숙고가 얼마나 깊이 스며 있는지를 강조했다. 제5장 19
조는 다음과 같이 확언한다. "거룩한 저자들은 네 복음서를 쓰면
서 구전이나 글로 전해진 많은 것 가운데 선택하고, 어떤 것은 종
합하여 축약하고, 어떤 것은 자기 교회의 상황을 고려하여 설명하
면서, 선포의 형태는 보존하되 언제나 예수님에 관한 올바른 진실
을 전달하는 방식으로 했다."[10] 이는 자료의 선택, 전통에 대한 해
석, 구체적 상황과 관련된 설명, 신학적 종합, 목회적 적용에 관해
말한다. 이 모든 것이 복음서 저술을 이루는 요소다. 네 복음서는
구체적인 목회적 상황에서 예수님의 의미와 의의를 신학적으로 숙

---

[10] Second Vatican Council, Dogmatic Constitution on Divine Revelation (*Dei
verbum*), in *The Documents of Vatican II*, ed. Walter M. Abbott (Chicago:
Follet, 1966[국역본: 『제2차 바티칸 공의회 문헌』, 한국천주교중앙협의회]). 또
한 다음 해설을 보라. Joseph Fitzmyer, *Theological Studies* 25 (1964): 386-
408. 헌장에 관한 상세한 해설은 다음 책의 제3권을 보라. Herbert Vorgrimler,
ed., *Commentary on the Documents of Vatican II* (New York: Herder,
1969).

고하여 예수님을 증언한다.

신학적 숙고와 신약성서 저술의 관계에 대한 이러한 인식은 성서의 본성과 기원에 관한 현대적 이해로 자리 잡았다.[11] 최근의 영감 이론들은 영감을 성서 형성 자체와 연관시킨다.[12] 성서 형성에 관여한 복합적 요소—저술에 착수하게 한 기원 사건들과 그 사건들에 대한 해석, 새로운 상황, 새로운 숙고—는 영감 이론에 통합된다. 영감은 공동체가 기원 사건들을 숙고하고 해석하는 전 과정에 들어 있다. 어떤 이들에 따르면, 이러한 성서 형성 과정 전체가 우리의 신학적 숙고를 위한 모범을 제공한다.[13]

오늘날 우리는 성서가 신학적이라는 점을 인식한다. 성서는 신학의 주제를 담고 있을 뿐만 아니라, 서로 다른 특수한 신학적 관점을 구현하고 있다. 이러한 인식은 그리스도교 신학자 사이에서, 교회 문헌에서 일반적으로 합의된 내용이다.[14] 또한 그리스도교 신

---

11 Karl Rahner, "Theology of the New Testament" and "Exegesis and Dogmatic Theology," in *Theological Investigations* (New York: Crossroad, 1966), 5:23-41. See also Rahner's *Inspiration in the Bible*, 2nd ed. (New York: Herder, 1964).

12 다음을 보라. Paul Achtemeier, *The Inspiration of Scripture: Problems and Proposals* (Philadelphia: Westminster, 1980).

13 다음을 보라. James P. Sanders, *Canon and Community: A Guide to Canonical Criticism* (Philadelphia: Fortress Press, 1984).

14 이러한 점을 설명하는 다음의 논문 모음을 보라. Roland Murphy, ed., *Theology, Exegesis, and Proclamation* (New York: Herder & Herder, 1971). 또한 다음을 보라. Bruce Vawter, *Biblical Inspiration* (Philadelphia: Westminster, 1971).

학·성서의 역사성에 대한 인식도 현대 신학의 독특한 특징 중 하나다. 그러나 우리는 신학에 관한 근대적·현대적 이해 방식을 살펴보기에 앞서, 고전적이며 영향력 있는 이해 방식을 검토할 것이다.

Three Classic Paradigms of Theology

Ⅱ

세 가지 고전적 패러다임

아우구스티누스주의, 토미즘, 신스콜라주의는 서방 로마 가톨릭 신학에서 학문적으로 가장 영향력 있는 세 가지 전통적 신학 접근법이다. 로마 가톨릭 전통에는 이 세 가지 접근법 말고도 다른 여러 신학 학파가 있다. 서방에는 매우 다양한 금욕 신학, 영성 신학, 전례 신학도 있고, 학문 전통뿐만 아니라 수도원 전통도 있다. 동방 그리스도교에는 또 다른 풍성한 전통이 있다. 내가 단지 아우구스티누스주의, 토미즘, 신스콜라주의의 접근법에만 초점을 두는 것은 이러한 다른 전통을 무시하기 때문이 아니다. 서방의 학문적 신학에서 가장 영향력 있는 전통을 좀 더 상세히 검토하기 위해서다. 이렇게 초점을 좁힘으로써 로마 가톨릭 신학의 학문 연구와 교육에서 일어난 주요 변화와 변천을 훨씬 분명하게 파악할 수 있을 것이다.[1]

1   그리스도교 신학과 교리의 역사 전체를 조망한 것으로는 다섯 권으로 된 다음

1. 아우구스티누스: 지혜인 그리스도교 교리

초기 교회 시대에는 신학적 사고방식이 분명 여러 가지였고 다양했다. 2세기에 사도 교부들(로마의 클레멘스, 헤르마스, 이그나티우스, 폴리카르푸스)은 그리스도교와 유대교의 관계에 대해 계속 고심했다. 변증가들(유스티누스, 아리스티데스, 아테나고라스)은 그리스도교를 그리스 로마의 교양 있고 철학적인 문화와 관련지으려 했다. 영지주의에 반대하는 저술가 중 특히 이레네우스는 신학적 방법에 기여가 크다. 그는 전통과 신앙의 규범을 설명하고 진리의 '기본 전제'(hypothesis), 곧 진리의 체계를 보여 줌으로써 기여했다.[2] 3세기

책을 보라. Jaroslav Pelikan, *The Christian Tradition* (Chicago: University of Chicago Press, 1971-88). 다음 책들은 예전에 나와서 지금은 약간 오래된 내용이다. Reinhold Seeberg, *The History of Doctrines* (Grand Rapids: Baker, 1977; German ed., 1895); Adolf von Harnack, *History of Dogma*, 7 vols. (New York: Dover, 1961; German ed., 1900).

2   다음을 보라. Philip Hefner, "Theological Methodology and St. Irenaeus,"

에 안티오키아학파와 알렉산드리아학파는 서로 다른 독특한 주석 방법을 발전시켰고, 조직신학은 오리게네스의 작품에 뿌리를 두고 싹트기 시작했다.

그리스 교회에서 조직신학의 시작

오리게네스의 『원리론』(*Peri archon*)은 그리스도교 신앙을 체계적으로 제시하는 데 세 가지 방식으로 기여했다. 첫째, 오리게네스는 학문적 성서 주석을 위한 토대를 마련하려 했다.[3] 둘째, 그는 종교적 지식에 대한 체계적 이론을 전개했다. 셋째, 그는 신학을 체계적으로 제시했다. 이로써 그는 최초의 조직신학자라는 칭호를 얻었다.[4] 전통적으로 오리게네스의 『원리론』(220년에 저술)은 그리스도교 신앙을 하나의 신학적 종합으로 엮어 내려 한 최초의 시도로 여겨졌다. 그러나 이 저술의 최근 비평 판본이 밝혀냈듯이, 전통 판본은 실제 장르를 왜곡했다.[5] 이 책은 '대전'(summa)이나 조직신

Journal of Religion 44 (1964): 294-309.

3   다음을 보라. Joseph Wilson Trigg, *Origen: The Bible and Philosophy in the Third-Century Church* (Atlanta: John Knox, 1983).

4   Marguerite Harl, *Origène et la function révélatrice du Verbe Incarné* (Paris: Éditions du Seuil, 1958), 346-59.

5   다음을 보라. Marguerite Harl's essays "Recherches sur le *Peri archon* d'Origène vue d'une nouvelle edition: La division en chapitres," in *Studia*

학이라기보다, 하느님과 세계의 관계를 다루는 체계적 해설이다.

　오리게네스는 서문에서 교회 전통이 신앙의 규범을 담고 있으며, 신학자는 그 내적 근거와 함의를 해명할 책임이 있다고 설명한다. 오리게네스는 이 과제를 수행하는 과정에서 특정한 철학 문헌 장르―철학의 토대로서 자연학의 문제를 다루는 장르―를 채택했다. 이 장르는 우주의 제1원리 내지 제1원리들을 탐구한다. 그리스도인인 오리게네스는 하느님을 세계의 시작, 곧 제1원리로 보았다. 따라서 그는 자연학, 철학, 신학의 쟁점을 종합하고자 했다. 『원리론』 첫 부분은 일반적인 논문이다. 하느님 아버지, 그리스도, 삼위일체를 다루고, 그다음 네 종류의 이성적 피조물을 다룬 후, 마지막으로 창조 세계와 그 세계가 하느님께로 돌아감에 대해 다룬다. 두 번째 부분은 동일한 순서대로 이들 각 항목 아래 있는 특수한 주제들을 다룬다. 마지막으로 주제들을 총괄한다. 전반적 취지는 모든 것이 신적 단일성에서 나와서 다시 신적 단일성으로 돌아간다는 점을 보이는 데 있다. 이러한 구성을 통해 오리게네스는 당대의 철학적 범주 및 문헌과의 관련성 속에서 자신의 그리스도교 신앙을 해명했다.

Patristica III, Texte und Untersuchungen zur Geschichte der altchristlichen Literatur 78, ed. F. L. Cross (Berlin: Akademie-Verlag, 1961), 57–67; 그리고 "Structure et cohérence du *Peri archon*," in *Origeniana*, ed. Henri Crouzel (Bari, Italy: Istituto di letteratura Cristiana antica, 1975), 11–32. 비평본은 다음 자료 모음집에 있다. Henri Crouzel and Manlio Simonetti, eds. and trans., Sources chrétiennes (Paris: Éditions du Cerf, 1978 and 1980).

아우구스티누스의 학문적 구상: 지식과 지혜

오리게네스가 독창적이다 보니 많은 사람이 그를 최초의 조직신학자로 여긴다. 하지만 서방 그리스도교 조직신학 발전에 큰 영향을 미친 이는 성 아우구스티누스다. 그가 서방 신학 방법론 발전에 기여한 점은 신학을 지혜로 보는 그의 구상, 성서 해석을 위한 해석학 규칙들, 중세 '대전'의 구조에 미친 영향 등이다.

아우구스티누스의 신학 이해에서, 더 정확히는 그리스도교 교리 이해에서 중요한 것은 지혜(sapientia)와 지식(scientia)의 구분이다. 지혜는 영원하고 불변하는 실재를 그 대상으로 삼는다. 반면 지식은 눈에 보이고 지각 가능하며 변화하고 시간에 속한 것들에 대한 이성적 통찰이다.[6] 아우구스티누스는 오늘날 우리의 이해와 달리 지식을 경험적 합리성과 동일시하지 않는다. 그 대신 지혜와 인간 행복을 지식의 목표로 본다. 그리고 지식은 세 가지 원천, 곧 경험, 권위, 기호/표지(sign)에서 나온다고 본다.[7]

경험에서 오는 지식은, 현대의 실험 과학처럼 가설의 확인과 검증으로 특징지어지는 실험을 통해 얻는 것이 아니다. 오히려 지식은 현상 세계에서 출발하여 가지적인 것(the intelligible)과 사물의

---

6   아우구스티누스, 『삼위일체론』 12.15.25. 또한 12.14.22-23을 보라.

7   아우구스티누스의 방법론에 관한 분석으로는 다음을 보라. Rudolf Lorenz, "Die Wissenschaftslehre Augustinus," *Zeitschrift für Kirchengeschichte* 67 (1955/56): 29-60 and 213-51.

제일 원인에 이르기 위한 것이다. 지식은 보이는 것에서 보이지 않는 것으로, 현상에서 실재로 나아간다. 이처럼 경험에서 오는 지식은 가지적인 것에 관한 지식이다.

권위에서 오는 지식은 자신이 직접 경험한 바에 근거한 것이 아니라 증언에 근거한 지식이다. 아우구스티누스는 직접적인 경험에서 오는 지식이 인간의 권위에 근거한 지식보다 더 바람직하다고 주장하지만, 신적 지혜의 권위가 관련되면 상황이 다르다고 논한다. 보이지 않는 것이 그리스도 안에서 보이는 것이 되었다. 그리스도는 기적, 삶, 가르침을 통해 진리를 매개하시고 계시하신다. 그리스도는 신적 권위다.[8] 더욱이 성서는 그리스도를 신적 진리를 계시하는 분으로 증언한다. 이러한 증언은 그리스도에 대한 신앙을 요청하며, 그리스도의 권위에 근거한 지식을 제공한다.[9]

또한 **기호**에서 오는 지식도 있다. 이 역시 직접 경험에서 나온 지식을 넘어설 수 있게 한다.[10] 지각할 수 있는 외적 형태의 기호는

---

8   다음을 보라. 아우구스티누스, 『삼위일체론』 13.19.24(*Patrologia latina*, ed. J. B. Migne, 42, col. 1034).

9   다음을 보라. Augustine's Letter 120 to Consentius 120.2.9.1-3, *Corpus scriptorum ecclesiasticorum latinorum*, 63, 182, 16-19. 또한 다음을 보라. Karl-Heinrich Lütcke, *"Auctoritas" bei Augustinus* (Stuttgart: Kohlhammer, 1968).

10   아우구스티누스의 기호 이해에 관해서는 다음을 보라. R. A. Markus, "St. Augustine on Signs," 그리고 B. Darrell Jackson, "The Theory of Signs in St. Augustine's *De doctrina christiana*," in *Augustine: A Collection of Critical Essays*, ed. R. A. Markus (Garden City, NY: Doubleday, 1972), 61-91과 92-137.

다른 무언가를, 감각에 나타나지 않은 것을 가리킨다. 예컨대 연기는 불을 가리킨다. 기호에는 두 종류가 있다. 하나는 자연적 기호이고, 다른 하나는 '주어진' 기호(signa data)다. 자연적 기호는 우리가 무언가를 인식하게 만들지만 의도적이지는 않다. 연기가 불을 인지하게 하는 것이 그렇다. '주어진' 기호는 누군가 의도적으로 나타낼 때 나온다.[11] 이 기호는 인간에 의해 주어지기도 하고, 하느님으로부터 주어지기도 한다. 주어진 기호 중 가장 중요한 것은 '말'이다. 기호로서 말은 지식과 배움의 원천이다. 성서의 단어들은 초월적인 것을 가리키는 기호다. 따라서 성서 해석자의 핵심 과제는 그 기호들이 지시하는 초월적 대상을 해석하는 것이다. 성서를 참되게 해석하면 보이지 않는 하느님에 관한 언어적 기호들을 알게된다. 따라서 아우구스티누스의 성서 해석과 인식론은 서로 관련성이 있다.

아우구스티누스의 해석학적 규칙들

아우구스티누스는 『그리스도교 교양』(*De Doctrina Christiana*)에서

---

11 J. Engels, "La doctrine de signe chez saint Augustin," in *Studia Patristica* VI, Texte und Untersuchungen zur Geschichte der altchristlichen Literatur 81, ed. F. L. Cross (Berlin: Akademie-Verlag, 1962), 366-73. 이 글은 signa data에는 의도적 성격이 있으므로 "관습적 기호"(conventional signs)로 번역해서는 안 된다고 주장한다.

성서 해석을 위한 원리와 규칙을 발전시켰다.[12] 그럼으로써 수사학, 교육, 신학, 해석학에 중대한 영향을 미쳤다. 아우구스티누스의 해석학 이론은 그의 배경이 되는 신플라톤주의와 관련하여 이해해야 하며, 또한 그가 신적 지혜의 성육신을 이해하고자 했던 것과 관련하여 이해해야 한다. 플라톤적 '코리스모스'(chorismos) 도식―변화하는 것과 불변하는 것, 시간적인 것과 영원한 것의 구별―은 그의 해석 규칙의 배경 이론이 된다.[13] 변화하는 것은 불변하는 것과 관련하여 해석해야 하고, 시간적인 것은 영원한 것과의 관련하여 해석해야 한다. 또한 세계는 초월적인 것과 관련하여, 역사적 사건들은 신적 구원 계획과 관련하여, 인간 그리스도는 신적 말씀과 관련하여 해석해야 한다. 아우구스티누스의 해석학 이론은 불변하는 영원한 것이 변화하는 물질적인 것보다 존재론적으로 우위라는 생각을 바탕으로 기호의 의미 작용을 설명한다.

아우구스티누스는 이러한 확신(물질적 기호보다 초월적 실재가 존재

---

12   다음을 보라. Peter Brunner, "Charismatische und methodische Schriftauslegung nach Augustins Prolog zu De doctrina Christiana," *Kerygma und Dogma* 1 (1955): 59-69, 85-103; C. P. Mayer, "'Res per signa': Der Grundgedanke des Prologs in Augustins Schrift De doctrina Christiana und das Problem der Datierung," *Revue des études Augustiniennes* 20 (1974): 100-112; Hermann-Josef Sieben, "Die '*res*' der Bibel: Eine Analyse von Augustinus, *De doctr. chris.* I-III," *Revue des études augustiniennes* 21 (1975): 72-90.

13   다음을 보라. Cornelius Petrus Mayer, *Die Zeichen in der gesitigen Entwicklung und in ber Theologie des jungen Augustinus* (Würzburg: Augustinus Verlag, 1974), vols. 1-2.

론적으로 우위라는 확신)을 바탕으로 해석학의 기본 원리를 세운다. 즉, 물질적 기호에 대한 지식을 통해 영원한 실재를 해석할 수 있는 것이 아니라, 영원한 실재에 관한 지식을 통해 물질적 기호를 해석할 수 있는 것이 우선적으로 중요하다. 이러한 해석학 원리는 알레고리적·모형론적 해석뿐만 아니라 문자적 해석에도 적용된다. 성서의 단어들을 영원한 실재에 대한 기호로 올바르게 이해하려면 그 실재를 반드시 인정해야 한다.

영원한 실재를 알려면 영적 고양과 정화가 요구된다. 그러므로 영적 깨끗함은 성서 해석의 전제 조건이다. "성서에 대한 참된 이해—외적인 단어에만 머물지 않는 이해—는 도덕적 정화를 요구하며, 아우구스티누스는 깨끗함에 이르는 일곱 단계를 제안한다."[14] 그 일곱 단계는 다음과 같다. 하느님에 대한 **두려움**, 곧 하느님의 뜻을 인식하도록 이끄는 것. **경건**, 곧 온유한 마음으로 성서에 주의를 기울이게 하는 것. **사랑**, 곧 하느님 사랑과 이웃 사랑이 성서의 요지임을 아는 지식. **용기**의 은사, 곧 정의에 주리고 목말라하는 것. **자비**의 모략, 곧 이웃 사랑을 실천하고 그 가운데 자신을 완성해 가는 것. **정화**, 곧 세상에 대한 집착들로부터 마음을 깨끗하게 하는 것. 마지막으로 **지혜**, 곧 신적 관조다.[15]

14　다음을 보라. Ragnar Holte, *Béatitude et sagesse: Saint Augustin et le prob-lème de la fin de l'homme dans la philosophie ancienne* (Paris: Études augustiniennes, 1962), 342.

15　아우구스티누스, 『그리스도교 교양』 2.7.9-11.

영적 정화와 성서 해석의 상호 관계는 아우구스티누스가 본 해석학의 주요 문제를 드러낸다. 이 문제는 과거 시대의 지평과 현시대의 지평 간 거리 문제가 아니다. 또한 현대의 성서 근본주의처럼 문자적 의미를 문자적으로 파악하는 것에 관한 문제도 아니다. 아우구스티누스는 올바른 문자적 의미를 규명하는 데 역사적 차이와 언어적 문제가 관련됨을 인지하고 있었다. 하지만 그에게 해석학의 핵심 문제는 훨씬 더 근본적인 것이다. 바로 초월적 지시 대상을 이해하는 문제다. 성서의 말들을 그저 문자적·역사적 의미로만 해석하고 그 말들이 지시하는 초월적 대상과 관련하여 해석하지 않는 사람은 성서의 의미를 파악하지 못한다.

해석을 확신할 수 없는 경우에 관해서, 아우구스티누스는 몇 가지 기본 원리를 제안한다. 한 가지 원리는 문제의 해석이 하느님과 이웃에 대한 더 큰 사랑으로 이끄는지 묻는 것이다. 실제로 그는 다음과 같이 말했다. 누군가 "잘못 해석했더라도 계명의 목적, 곧 사랑을 세우는 해석이었다면, 길을 잘못 들어 길이 아닌 들판을 통해 원래 길의 목적지에 도착한 사람과 같은 식으로 해석한 것이다."[16] 아우구스티누스는 성서 지식을 새로운 정보 습득으로 보지 않았다. 성서 지식은 하느님의 뜻을 발견하여 영원한 진리들, 곧 지혜의 대상이자 복된 삶의 대상을 관조하도록 이끈다고 보았다. 또 다른 해석의 원리는 해석의 공동체적 맥락을 강조하는 것이다.

16   같은 책, 1.36.41.

곧 해석 공동체인 교회의 신앙을 강조하는 것이다. 이 신앙은 신조로 표현된 교회의 신앙 규범에 가장 분명하게 나타나 있다.[17]

오늘날 우리는 두 가지 상반된 경향을 마주한다. 한편으로 과학적 객관성과 중립성을 강조하며 주관적 전제에서 벗어나는 것을 목표로 하는 주석 수행 방식이 있다. 다른 한편으로 현대 해석학 이론은 해석자의 선이해와 적용*이 해석에서 차지하는 중요성을 강조한다. 이처럼 현대 해석학 이론은 아우구스티누스가 그리스도교적 신념과 신플라톤주의의 범주를 결합하여 표현했던 '삶의 실천'과 해석 사이의 고전적 관계를 (비록 지평과 범주는 다르지만) 회복하여 재전유하려 한다. 오늘날 해석학 이론은 해석자의 삶이 해석할 대상과 맺는 관계가 이해에 필수라고 확언한다. 이러한 해석학적 확언은 그리스도교 성서를 해석할 때 해석자가 해석 대상과 어떠한 삶의 관계를 맺는 게 적절한지를 묻게 한다.

이 물음(마르틴 하이데거와 한스게오르크 가다머의 해석학 이론에 함의된 물음)은 신학적 해석학에서도 제기되어 왔다. 하지만 실존적 해석학과 해방신학은 이 물음을 매우 다르게 제기한다.[18] 실존적 접근

---

17   다음을 보라. Howard J. Loewen, "The Use of Scripture in Augustine's Theology," *Scottish Journal of Theology* 34 (1981): 201-24.

●   옮긴이 주: 현대 해석학에서, 특히 한스게오르크 가다머는 '적용'을 이해 및 해석 다음 단계의 일이 아니라 이해 및 해석과 동시에 일어나는 하나의 일로 본다 (반면 위르겐 하버마스는 다른 입장이다). 성서 주석에서 흔히 사용되는 구조인 '해석 후 적용'과는 다른, 이런 식의 의미로 저자가 쓴 말 같다.

18   Martin Heidegger, *Being and Time* (New York: Harper & Row, 1962[국

(루돌프 불트만의 고전적 해석학 논문으로 대표된다)은 이렇게 묻는다. 성서가 하느님의 계시에 관한 것이라면, 어떻게 인간이 하느님의 계시에 관한 선이해를 가질 수 있는가?[19] 불트만의 답변은 아우구스티누스를 참조한다. 불트만은 성서를 해석할 때 우리를 추동하는 핵심 쟁점이 인생의 의미에 관한 물음에 내포된 하느님에 관한 탐구라고 주장한다. 반면 해방신학은 이러한 삶의 관계와 선이해를 가난하고 억압받는 이들과의 연대라는 자기초월로 이해한다. 불트만 해석학의 실존적 물음과 해방신학이 확언하는 연대는 아우구스티누스가 성서를 올바르게 이해하기 위한 조건으로 강조한 자기초월 및 영적 정화와—비록 상당한 수정이 있긴 하지만—연속선상에 있다. 이런 점에서 이들은 상당수의 근현대 역사주의가 고수하는 객관주의와 선명하게 대조된다.

역본: 『존재와 시간』, 까치]), secs. 31-32; Hans-Georg Gadamer, *Truth and Method*, 2nd ed. (New York: Crossroad, 1989[국역본: 『진리와 방법』 1-2, 문학동네]), 265-307.

19 다음을 보라. Rudolf Bultmann, "The Problem of Hermeneutics" and "Is Exegesis without Presuppositions Possible?" in *New Testament Mythology and Other Basic Writings*, ed. Schubert M. Ogden (Philadelphia: Fortress Press, 1984). 불트만은 자신의 선이해 개념과 문제를 아우구스티누스와 연결하여 다음과 같이 말한다. "(의식적으로든 무의식적으로든) 우리의 실존이 아우구스티누스가 말한 '당신께서 당신을 향하도록 우리를 지으셨으니, 우리 마음은 당신 안에서 쉬기까지 쉬지 못합니다'라는 의미에서의 하느님에 관한 물음으로 추동되지 않는다면, 우리는 어떤 계시에서도 하느님을 알아볼 수 없을 것이다"(p. 87).

서방에 미친 아우구스티누스의 영향

아우구스티누스는 중세 신학의 방법, 내용, 배열에 직접적이고 강력한 영향을 미쳤다. 그가 규명한 신앙과 이해의 관계는 중세의 신학과 신학 방법에 결정적이었다. 아우구스티누스는 신앙은 추구하고 이해는 발견한다는 점뿐만 아니라 신앙에 기초하여 이해를 추구한다는 점을 시사하려고, 이사야 7:9의 구 라틴어 번역본("만일 너희가 믿지 아니하면 이해하지 못하리라")을 인용했다.[20] 이 구절과 사상은 안셀무스의 『프로슬로기온』(*Proslogion*)에서 고전적으로 정형화된다. "저는 믿기 위해 이해하려는 게 아니라, 이해하기 위해 믿습니다. 왜냐하면 믿지 않고서는 이해할 수 없다는 것도 제가 믿는 바이기 때문입니다."[21] 안셀무스에게 진리에 관한 이해와 이성적 통찰을 얻으려는 시도는 의무적인 과제였고, 또한 그의 신학 방법의 열쇠였다. 안셀무스가 이렇게 아우구스티누스적인 출발점을 해명한 것은 스콜라 신학 방법론의 기초를 이루었다.

신앙과 이해의 관계에 대한 아우구스티누스의 견해는 지식에서 권위의 역할, 신학에서 교회의 역할에 대한 그의 견해와 관련된다.

---

20   아우구스티누스, 『삼위일체론』 15.2.2. 라틴 불가타는 이 구절을 다르게 번역한다. "이해하지 못하리라" 대신 "거하지 못하리라"로 옮긴다.

21   안셀무스, 『프로슬로기온』 1장을 보라. 중세 신학에서 안셀무스의 맥락과 역할에 관해서는 다음을 보라. Gillian Rosemary Evans, *Anselm and a New Generation* (Oxford: Clarendon, 1980); Richard Campbell, "Anselm's Theological Method," *Scottish Journal of Theology* 32 (1979): 541–62.

아우구스티누스는 어느 복음서가 정경인지를 사도좌의 권위가 결정한다고 선언했다. 즉, 사도좌의 결정은 어떤 텍스트가 성서로 인정되는지에 결정적이다. 또한 신앙의 규범을 설명하는 신조들은 성서 해석의 기준을 제공한다. 그리고 아우구스티누스가 신조에 있는 신앙의 조항을 신앙의 실재로서 다룬 방식과, 특히 『길잡이』(*Enchiridion*)와 『그리스도교 교양』에서 그가 신조를 설명한 순서는 중세 대전들의 구조와 주제 배열 방식에 영향을 미쳤다.[22] 『그리스도교 교양』은 그리스도교 교리의 내용을 실재(res)와 기호(signa)로 나눈다. 기호는 성서의 단어들이고, 실재는 삼위 하느님이시다. 『그리스도교 교양』에서 아우구스티누스는 사도신조에 대해서도 논하는데(제1권 5-21장), 그 과정에서 그는 그리스도교 교리의 도식을 다음과 같이 스케치한다. 첫째는 실재 곧 삼위 하느님으로, 모든 인간적 열망의 목표이시다. 둘째는 인간이 되신 신적 지혜로, 병든 자를 치료하는 분이시다. 그분의 가르침과 은사는 신부인 교회에 주어진다. 이러한 윤곽은 마르세유의 겐나디우스와 루스페의 풀겐티우스에게 영향을 미쳤고, 이 두 저자는 다시 중세의 명제 대전(Summa sententiarum) 배열에 영향을 미쳤다.[23] 이들이 자료를 다

---

22   다음을 보라. Alois Grillmeier, "Vom Symbolum zur Summa," in *Mit ihm und in ihm: Christologische Forschungen und Perspektiven* (Freiburg: Herder, 1975), 585-636.

23   마르세유의 겐나디우스의 『교회 교의 정의서』(*Liber sive definition ecclesiasticorum dogmatum*)와 루스페의 풀겐티우스의 『베드로에게 보내는 신앙서』(*Liber de fide ad Petrum*)의 도식은 그들이 아우구스티누스에게 빚진 점, 그

루는 방식은 아우구스티누스적이며 서방적이다. 특히 동방에서 구원 경륜을 강조한 방식을 따르지 않았다는 점에서 그렇다. 동방 그리스도교는 그리스도 사건의 구원론적 중요성과 창조와 구원사 사이의 통일성을 강조했다. 반면 이들은 아우구스티누스의 순서를 따라 먼저 신앙을 논한 다음 신앙의 대상인 하느님과 그리스도에 대해 논한다. 이로써 이들은 페트루스 롬바르두스의 길을 닦았다.

1215년 이후로 페트루스 롬바르두스의 『네 권 명제집』은 실질적으로 중세의 교과서였다. 롬바르두스는 아우구스티누스의 도식을 따랐고, 실재와 기호를 구분했다. 1권에서 3권까지는 res(실재)를 다룬다. 1권은 삼위 하느님을 다루고, 2권은 창조를 논하고, 3권은 그리스도(덕들을 포함하여)를 논한다. 4권은 기호들, 곧 성사들에 관해 논한다. 롬바르두스의 도식은 여러 중세 신학자가 계승했고, 그들이 자료를 제시하는 순서에 강력한 영향을 미쳤다.[24]

아우구스티누스는 중세 대전의 체계적 배열에 영향을 미친 것 말고도, 개별 교리에도 헤아릴 수 없는 영향을 끼쳤다. 그리스도교 신학자들은 삼위일체 교리, 죄의 본성, 원죄 이론, 은총의 역할, 성사의 효력, 직제의 성격, 교회와 국가의 관계 등을 논하면서 아우

리고 동방 신학 논고와의 대조점을 보여 준다. 다음을 보라. Alois Grillmeier, "Patristische Vorbilder frühscholastischer Systematik: Zugleich ein Beitrag zur Geschichte des Augustinismus," in Cross, *Studia Patristica* VI.

24 이 도식은 『신학대전』에서 토마스에게 영향을 미쳤다. 토마스는 이를 약간 수정했다. 그는 덕을 그리스도에 관한 논의가 아니라 인간론에 배치했다.

구스티누스의 공헌을 언급하지 않을 수 없다. 그의 영향력은 중세 신학에만 머물지 않고, 종교개혁에도, 근현대 신학에서 주요 신학 운동들에도 미치고 있다. 루터와 칼뱅의 견해 중 다수는 은총과 인간 본성에 관한 아우구스티누스의 이해를 회복하려는 시도였다. 20세기에도 이러한 구성적 영향력이 계속되고 있다. 라인홀드 니버의 『인간의 본성과 운명』은 인간 본성과 죄에 대한 아우구스티누스의 이해를 탁월하게 재구성했고, 이를 정치적 삶에 적용했다.[25] 앙리 드 뤼박은 신스콜라주의에 맞서 자연과 은총에 대한 아우구스티누스의 견해를 회복시키고자 했다.[26] 칼 라너는 아우구스티누스 삼위일체 신학의 몇몇 측면을 회복시키고 발전시켜서, 삼위일체에 관한 대중적 오해에 대응하고자 했다.[27]

---

25   Reinhold Niebuhr, *The Nature and Destiny of Man*, New York: Scribner, 1941(국역본: 『인간의 본성과 운명』 1-2, 종문화사).

26   Henri de Lubac, *The Mystery of the Supernatural* (New York: Herder, 1967); idem, *Augustinianism and Modern Theology* (New York: Herder, 1968).

27   Karl Rahner, *The Trinity* (New York: Crossroad, 1970).

2. 아퀴나스: 스콜라적 방법과 토마스의 거룩한 교리

1879년 레오 13세는 회칙 「영원하신 아버지」(*Aeterni patris*)에서 토마스를 으뜸가는 스콜라 신학자, 천사적 박사, "모든 이의 으뜸이자 스승"(omnium princeps et magister)으로 선언했다.[28] 로마 가톨릭 조직신학에 미친 토마스의 영향력은 실로 비길 데 없으며, 그의 영향이 없는 로마 가톨릭 신학은 상상할 수도 없다. 그러나 토미즘을 표방하는 신학의 상당수는 실제로 토마스의 신학적 전제, 견해, 결론과 다른 것을 제시한다. 이 차이는 매우 중요해서 독일어권 신학 문헌에서는 흔히 **토마니즘**(Thomanism)과 **토미즘**(Thomism)이라는 용어를 사용하여 토미스트와 토마스를 구분한다.[29] 또한 20세기

---

[28] 토마스의 권위에 관해서는 다음을 보라. Heinrich Stirnimann, "Non-'tutum'-toto tutius? Zur Lehrautorität des hl. Thomas," *Freiburger Zeitschrift für Philosophie und Theologie* 1 (1954): 420–33.

[29] Gottlieb Söhngen, *Der Weg der abendländischen Theologie* (Munich: Pus-

토마스 연구에서 신토미즘과 현대의 토마스 이해의 차이가 드러났다. 신토미즘은 토마스의 아리스토텔레스주의와 철학적 신학을 강조했던 반면, 현대에는 토마스 저술의 신학적 성격과 목적에 방점을 두고 그 배경이 아우구스티누스적일 뿐만 아니라 신플라톤주의적임을 인지했다.[30] 신토미스트들은 특정한 논쟁에 맞추어 토마스를 해석했다. 그들이 19세기 철학과 신학에서 칸트의 영향이라고 생각했던 것이 있었고, 이에 대항하기 위해 토마스의 철학을 자연신학과 자연법 윤리로 활용하려 했다. 그리고 이러한 논쟁이 시들해지면서 그에 상응하는 토마스 해석 또한 사그라들었다.

나는 세 단계를 거쳐 토마스의 신학 이해를 검토할 것이다. 첫째, 그의 신학 방법의 맥락인 스콜라 신학 방법의 발전을 고찰할 것이다. 둘째, 토마스가 신학에 대해 내린 정의와 그가 사용한 거룩한 교리(Sacra doctrina)라는 명칭의 구체적 의미를 분석할 것이다. 셋째, 신학의 기준을 다룰 것이다. 토마스의 관점에서 무엇이

tet, 1959).

30   나의 간략한 개관을 보라. "The New Theology and Transcendental Thomism," in Modern Christian Thought, vol. 2, The Twentieth Century, 2nd ed., ed. James Livingston and Francis Schüssler Fiorenza (Minneapolis: Fortress Press, 2006), 197-232. 또한 다음을 보라. Wayne J. Hankey, "Thomas' Neoplatonic Histories: His Following of Simplicius," Dionysius 20 (2002): 153-78; idem, "Reading Augustine through Dionysius: Aquinas' Correction of One Platonism by Another," Aquinas the Augustinian, edited by Michael Dauphinais et al. (Washington, DC: Catholic University of America Press, 2007): 243-57.

좋은 신학을 구성하는가, 또는 무엇이 사려 깊은 신학적 판단으로 간주되는가? 이런 물음에 대한 답은 중세 신학과 현대 신학 사이의 상당한 차이를 다소간 보여 준다.

스콜라적 방법과 신학의 배경

학분 분야로서 신학의 성장은 12세기 학교들이 점차 대학으로 발전하는 과정과 맞물린다. 대학이 성장하고 자유 학예가 진보하며 신학 발전에, 특히 조직신학에 결정적 영향을 미쳤다.[31] 12세기 초 유럽에는 여러 종류의 학교가 있었다. 수도원 학교, 주교좌성당 학교, 개별 학자에게 부속된 학교가 있었고, 이탈리아에는 자유 학예를 가르치는 도시 학교들이 있었다.

중세 대학의 교육은 강독(lectio)에서 질문들에 관한 논쟁(disputatio)으로 발전했다. 이러한 발전은 다양한 '조항'으로 이우러진 신학 대전들이 출현하는 맥락이 되었다.[32] 중세 대학의 강의는 처음

---

31 Gillian Rosemary Evans, *Old Arts and New Theology: The Beginnings of Theology as an Academic Discipline* (Oxford: Clarendon, 1980). 토마스의 저술에서 수사학의 기능을 규명한 최근 문헌들에 대한 탁월한 개관으로는 다음을 보라. Mark D. Jordan, *Rewritten Theology: Aquinas after His Readers* (Malden, MA: Blackwell, 2006).

32 M. D. Chenu, *Toward Understanding Saint Thomas* (Chicago: Henry Regnery, 1964). 또한 같은 저자의 다음 저술을 보라. *Théologie comme science* (Paris: J. Vrin, 1943).

에는 텍스트를 읽고 익히는 데 중점을 두었다. 일차 텍스트가 거룩한 경전, 곧 성서였으므로 이러한 학문은 거룩한 교리/가르침(sacra doctrina)으로 불렸다.[33] 텍스트에 대한 강의는 처음에는 구두 주해 수준이었다. 강사는 텍스트의 단어를 설명하고, 구절의 의미를 풀이한 다음, 더 깊은 의미와 의의에 관한 다양한 **명제적**(sentential) 견해를 해설했다. 성서 텍스트의 의미와 관련하여 제기된 질문과 의견은 그 수와 분량이 점점 늘어났다. 하지만 이런 질문들은 점차 그 기원인 텍스트에서 점차 분리되기 시작했다. 이 질문들이 텍스트에서 분리되어 수집되었고, 그 결과 여러 질문에 관한 다양한 의견을 모아 놓은 선집(florilegia), 편찬집(compilation), 대전(summas)이 생겨났다.[34]

강독에서 논쟁으로의 발전은 수업뿐만 아니라 방법론에서도 중요한 전환을 수반했다. 강독은 주로 해석이었는데, 공인된 권위자의 텍스트를 읽고 풀이하고 주석을 다는 것으로 이루어졌다. 반면 논쟁은 활발한 학문적 토론으로 이루어졌다. 논쟁은 의견의 다름과 권위자들의 차이를 전제하고 있다. 논쟁이라는 방법은 권위 있

---

33   다음을 보라. Beryl Smalley, *The Study of the Bible in the Middle Ages* (Oxford: Blackwell, 1952); Gillian Rosemary Evans, *The Language and Logic of the Bible* (New York: Cambridge University Press, 1984).

34   중세 대전의 발전 배경에 관해서는 다음을 보라. Johannes Beumer, "Zwischen Patristik und Scholastik: Gedanken zum Wesen der Theologie an Hand des Liber de fide ad Petrum des hl. Fulgentius von Ruspe," *Gregorianum* 23 (1942): 326-47.

는 텍스트에서 출발하지 않고, 의심의 여지가 있는 일련의 명제를 가리키는 질문에서 출발했다. "이 출발점에서 찬성과 반대가 생기는데, 이는 즉각적인 답을 찾는 게 아니라 의심(dubitation)의 작용 하에 탐구를 한계까지 밀고 나가기 위함이다. 만족스러운 설명은 의심을 일으킨 원인을 발견할 때까지 탐구를 계속한다는 조건에서만 주어질 것이다."[35] 질문(quaestio)에 대한 '반론'은 저자가 취하는 입장이 아니라 논쟁에서 상정한 다른 입장이다. 스승의 답변은 두 입장을 모두 다룬 뒤 질문이 담고 있는 의심을 해결한다.[36]

이러한 교육 방식에서 페트루스 아벨라르두스와 그의 제자 페트루스 롬바르두스의 기여는 결정적이었다. 아벨라르두스는 교부들의 저술에서 그리스도교 교리와 실천의 쟁점들에 관한 구절들을 모아서 편찬했다. 그는 이 편찬물을 『예와 아니요』(Sic et Non)라고 불렀다.[37] 제목이 시사하듯 이 편찬물은 신학 안의 불일치, 모순, 의견 차이를 드러냈다. 아벨라르두스의 접근 방식은 교회법에서 흔히 사용되는 방법을 교리 문제에 적용했다는 점에서 혁신이었다. 중세 교회법학자들은 법과 관습에 대한 다양한 해석에 익숙했고, 이처럼 상충하는 의견을 모아서 교육하고 분쟁을 해결하려 했다.

---

35   Chenu, *Toward Understanding*, 94.

36   다음을 보라. F. A. Blanche, "Le vocabulaire de l'argumentation et la structure de l'article dans les ouvrages de Saint Thomas," *Revue des sciences philosophiques et théologiques* 14 (1925): 167-87.

37   D. E. Luscombe, *The Influence of Abelard's Thought in the Early Scholastic Period* (Cambridge: Cambridge University Press, 1969).

아벨라르두스는 『예와 아니요』 서문에서 의견 충돌을 극복하기 위한 몇 가지 규칙을 제시했다. (1) 텍스트나 구절의 진정성을 검토할 것 (2) 후대의 수정, 철회, 교정이 있는지 살필 것 (3) 다양한 의도에 주의할 것—예컨대 규범과 권고의 차이 (4) 역사적 시기와 상황을 식별할 것 (5) 용어의 의미와 지시 대상을 구분하여 살필 것 (6) 다양성을 조화시킬 수 없다면 더 강력한 증언 또는 더 큰 권위에 무게를 둘 것. 이러한 시도에서 성서는 여전히 최고의 권위를 유지했다. 아벨라르두스는 그리스도교 저술가 사이의 의견 차이를 보여 주려 했다.[38] 불일치하는 것은 성서가 아니라 저술가들이었고, 해결되어야 하는 것은 그들의 의견 차이였다. 전통 내부의 불일치 문제에 아벨라르두스가 주목한 것은 중세 신학 교육의 특징을 이루게 된다. 그의 제자 페트루스 롬바르두스는 다양한 의견을 모은 문헌을 편찬했고, 이는 중세에 교육 텍스트로 사용되었다.

토마스의 거룩한 교리관

12세기에는 아직 '신학이 학문인가'는 쟁점이 아니었다. 오히려 '신앙이 지식인가'가 쟁점이었다. 이에 대한 일반적인 답변은 신앙은

---

[38] 아벨라르두스의 의도에 대해 신중하게 분석하고 널리 퍼진 폰 하르낙의 견해를 정정한 다음을 보라. Martin Grabmann, *Geschichte der scholastischen Methode* (Freiburg: Herder, 1911), 2:168-229.

의견 이상이지만 지식에는 못 미친다는 것이었다. 신앙은 의견보다는 더 확실하지만 지식보다는 덜 확실하다. 신앙은 의견적 지식(scientia opinativa)도 필연적 지식(scientia necessaria)도 아니다. 신앙은 개연적 지식(scientia probabilis)이다. 따라서 신앙은 개연적인 확실성이 있는, 근거 있는 의견이라는 점에서 지식의 한 형태다.[39] 12세기에 거룩한 교리는 아직 성서 해석과 별개가 아니었다. "그러나 자명한 원리에서 결론을 필연적으로 도출하는 '학문적 신학' 개념은 신학을 독립적 탐구로 보는 관점으로 이어졌고, 그 결과 다른 학문과의 관계라는 문제로 이어졌다."[40]

거룩한 교리와 다른 학문 사이의 관계 문제는 프란치스코회 학파들 내에서 논의되었다. 킬워드비는 신학, 형이상학, 기타 학문들이 어떤 관계인지 물었다. 『할렌시스의 대전』(*Summa halensis*)은 신학과 형이상학이 모두 지혜라고 답하는데, 왜냐하면 둘 다 제일원인과 관련되기 때문이다. 중세 신학자들이 신학을 '학문'(scientia)이라고 했을 때, 대개 일반적인 의미로 scientia 개념을 쓴 것이다.[41]

39　다음을 보라. Richard Heinzmann, "Die Theologie auf dem Weg zur Wissenschaft: Zur Entwicklung der theologischen Systematik in der Scholastik," *Münchener Theologische Zeitschrift* 25 (1974): 1-17.

40　Charles H. Lohr, "Theologie und/als Wissenschaft im frühen 13. Jahrhundert," *Internationale katholische Zeitschrift* 10 (1981): 327 (my translation). 아우구스티누스적 학문 개념과 근현대 학문 개념에 관한 하나의 비교로는 다음을 보라. Charles H. Lohr, "Mittelalterlicher Augustinismus und neuzeitliche Wissenschaftslehre," in *Scientia Augustinianai*, ed. Cornelius Petrus Mayer (Würzburg: Augustinius Verlag, 1975), 157-69.

오세르의 윌리엄과 헤일스의 알렉산더는 아리스토텔레스의 학문 개념을 사용하여 신학이 학문임을 규명하려 했다. 토마스는 한 걸음 더 나아가, 아리스토텔레스의 학문 분류를 받아들여 '종속 학문' 개념을 적용하여 거룩한 교리를 학문으로 기술했다.[42]

토마스가 거룩한 교리의 본성을 어떻게 이해했는가 하는 문제, 곧 그의 『신학대전』의 제1문제 제1절의 주제는 상당한 논쟁을 불러왔고, 지금도 그렇다. 『신학대전』을 최초로 주석한 토마스 데 비오 카예탄 추기경(1469-1534)은 제1절에서 거룩한 교리가 신앙도 아니고 신학도 아니며 다만 하느님께서 계시하신 지식을 가리킨다고 주장한다. 제2절에서 거룩한 교리는 이 지식에서 도출한 결론들에 관한 지적 습성으로서의 지식을 가리킨다.[43] 루뱅 신학자 프란치스쿠스 실비우스(1581-1649)는 거룩한 교리가 신앙의 원리들에서 도출한 스콜라 신학의 습성이라고 주장한다.[44] 근래에 이브 콩가르는 거룩한 교리를 그리스도교 교육 과정이라고 해석한다. 그저 학문적 신학 분과나 단순히 신학적 진리 모음이 아니라, 가르치고 훈육하는 전체 과정이다. 콩가르는 그리스도교 성서와 신학을 모두 포

---

41   다음을 보라. Peter Lombard, *Sententiae* lib. 3, dist. 35, cap. 1.

42   중세의 다양한 입장에 관한 개관으로는 다음을 보라. Ulrich Körpf, *Die Anfänge der theologischen Wissenschaftstheorie im 13. Jahrhundert* (Tübingen: Mohr, 1974).

43   Cajetan, *In I Summa* q. 1, a. 1 and 2.

44   Sylvius, *Opera omnia* I, q. 1, a. 1.

함하는 넓은 의미로 교육 개념을 해석한다.[45] 제럴드 밴 애커란은 콩가르를 따라 거룩한 경전, 거룩한 교리, 신론(theology proper)이 원인성의 맥락에서 서로 구별되는 현실이라고 주장한다. 성서는 외적 도구로서, 작용인으로서 거룩한 교리와 관련된다. 하지만 으뜸 원인은 하느님이시다.[46] 토마스의 전기 작가인 제임스 와이셔이플은 이런 식의 접근들을 비판하면서, 거룩한 교리가 주로 신앙을 가리킨다고 주장하는 반면,[47] 토마스 오브라이언은 별개의 학문 분과를 가리킨다고 주장한다.[48]

토마스를 학문 분과에 관한 중세의 논의 속에서 다루면, 토마스가 말한 거룩한 교리가 철학과 나란히 놓인 하나의 학문 분과임이 분명해진다. 토마스는 아리스토텔레스의 학문 구분 방식을 이용하

---

45 Yves Congar, "*Traditio* und *Sacra doctrina* bei Thomas von Aquin," in *Kirche und Überlieferung: Festschrift J. R. Geiselmann* (Freiburg: Herder, 1960), 170-210. French text in *Église et tradition* (Le Puy—Lyon: Mappus, 1963), 157-94.

46 Gerald van Ackeran, *Sacra Doctrina: The Subject of the First Question of the Summa Theologica of St. Thomas Aquinas* (Rome: Catholic Book Agency, 1952).

47 다음을 보라. James Weisheipl, "The Meaning of *Sacra Doctrina* in *Summa theologiae* I, q. 1," *Thomist* 38 (1974): 49-80. 그의 중요한 토마스 전기인 *Friar Thomas d'Aquino* (New York: Doubleday, 1974)와 그의 에세이인 다음 글도 보라. "The Evolution of Scientific Method," in *The Logic of Science*, ed. V. E. Smith (New York: St. John's University, 1964), 58-86.

48 Thomas O'Brien, "'*Sacra Doctrina*' Revisited: The Context of Medieval Education," *Thomist* 41 (1977): 475-509.

여 자신의 '거룩한 교리' 개념을 설명한다. 그는 거룩한 교리를 '신학'에 대한 철학적 이해, 곧 철학적 신론과 구분했다. 아리스토텔레스의 경우 학문을 두 종류로 구분했다. 하나는 산술과 기하학처럼 자연 이성의 원리에서 출발하는 것이다. 예컨대 광학은 기하학의 원리에서 출발하고, 음악은 산술의 원리에서 출발한다. 다른 하나는 더 높은 지식에서 나온 원리에서 출발하는 것이다. 토마스는 거룩한 교리가 두 번째 유형의 학문(종속 학문)이라고 제안한다. 왜냐하면 그것은 더 높은 학문, 곧 우리에게 알려진 하느님이 소유하신 지식에서 나온 원리에서 출발하기 때문이다. 토마스는 아리스토텔레스의 종속 학문에 관한 가르침에 호소함으로써 거룩한 교리가 학문임을 확언할 뿐만 아니라 그 고유한 근원과 권위를 확립한다. 거룩한 교리는 하느님이 계시하신 지식에 기초한다. 거룩한 교리가 고유하게 담고 있는 지식은 하느님의 계시를 통해서만 우리에게 온다. 그 원리들은 신적 지식과 지혜의 계시에 기초한다.

거룩한 교리를 학문으로 보는 토마스의 견해는 신학적 진술을 신앙의 조항으로 환원 내지 귀착(resolutio)시키는 것과도 관련된다. 하지만 이런 과정을 마치 거룩한 교리가 고전 기하학의 또 다른 유형이기라도 한 듯 순전히 공리에서 연역하는 과정으로 이해해서는 안 된다. 토마스의 신학 방법에서는 신앙의 조항에 대한 인격적 신앙이 중요한데, 신학이 그 내용에 관해서나 그 확실성에 관해서나 전(前)과학적 신앙에 닻을 내리고 있다는 의미에서 그렇다. 그리스도교 신학자는 신앙의 덕을 통해 신적 지식에 참여한다.[49]

따라서 거룩한 교리는 공리적 성격 외에 해석학적 성격도 있다고 할 수 있다. 그 과제는 전과학적 신앙을 해석하는 것이다.[50]

거룩한 교리의 기초와 주제

토마스는 거룩한 교리가 하나의 독자적인 학문 분과임을 논증한 후, 이 학문 내에서의 논증 방식, 곧 권위의 문제를 제기한다. 거룩한 교리는 어떻게 판단을 내리며, 어떻게 논증하는가? 토마스는 성향에 따라 판단하는 것과 지식에 따라(per modum cognitionis) 판단하는 것을 세심하게 구분한다. 두 번째 판단 방식이야말로 학문 분야로서의 성스러운 교리를 특징짓는다. 토마스가 지적했듯이, 이 두 번째 판단 방식은 거룩한 교리가 "연구를 통해 습득되는 것이라는 사실과 부합"하기 때문이다.[51]

---

49 토마스 아퀴나스, 『신학대전』 제2부 1편, 110문, 4절: "인간은 신앙의 덕을 통해 신적 지식에 참여한다"(Homo participat cognitionem divinam per virtutem fidei).

50 다음을 보라. Ludger Oeing-Hanhof, "Thomas von Aquin und die Gegenwärtige Katholische Theologie," in *Thomas von Aquino: Interpretation und Rezeption*, ed. Willehad Paul Eckert (Mainz: Matthias-Grünewald, 1974), 243–306, 특히 260–70.

51 토마스 아퀴나스, 『신학대전』 제1부, 1문, 6절, 해답 3.

거룩한 교리의 기초

거룩한 교리라는 학문은 그 기초를 성서에 두는데, 두 가지 방식으로 둔다. 첫째, 거룩한 교리는 신적 계시에서 시작되므로 그 권위의 토대를 이 계시의 경전에 둔다. 둘째, 거룩한 교리는 독자적 학문인데, 왜냐하면 독특하고 권위 있는 텍스트, 곧 거룩한 경전을 가지고 있기 때문이다. 독자적 학문으로서 거룩한 교리는 그 나름의 권위를 갖는다. 그 논증은 성서 안에 있는 신적 계시라는 권위에서 출발한다. 스콜라 신학에서 **권위**라는 용어는 의미가 다양한데, 대체로 가르치고 논증하는 일과 관련된다.[52] 신학이 아닌 과목 교육도 해당 문제에 권위가 있는 저자의 텍스트를 바탕으로 한다. 권위는 자격을 갖춘 사람의 지위를 가리켰고, 따라서 그 사람의 저술은 신뢰할 만하다고 여겨졌다. 텍스트는 저자에 대한 인용으로서 그 자체로 권위 있는 진술(dictum auctoritatis)이 되었다. 권위와 인용은 이렇게 상호 교환적인 것이 되었다. 학문 세계에서 이렇게 권위를 존중했다는 것은 곧 학술 연구가 권위 있는 텍스트를 주석하거나 해석하는 작업에 머무는 경우가 많았음을 의미한다.[53] 거룩한 교리는 주로 성서 주석으로 이루어졌기에 '거룩한 페이지'(sacra pagina)로도 불렸고, 여기서 권위 있는 텍스트는 성서였다. 개별 문

---

52   M. D. Chenu, "'Authentica' et 'Magistralia,'" *Divus Thomas* (*Piacenza*) 28 (1925): 3-31.

53   다음을 보라. Edward Schillebeeckx, *Revelation and Theology* (New York: Sheed and Ward, 1967), 1:223-58.

제들에 관한 논쟁이 많아져서 텍스트 해석과 별개가 되면서, 이러한 용어들을 대신하여 **신학**이라는 용어가 자리를 잡게 되었다.

토마스가 성서에 부여한 권위는 그가 권위들을 구분한 데서 분명하게 드러난다. 그는 본연의 권위 혹은 본유적 권위를 필연적 논증 및 개연적 논증과 구분한다.[54] 거룩한 교리는 거룩한 경전을 **본령에 맞게** 사용하며, 성서에서 도출한 거룩한 교리의 논증은 필연성의 무게를 지닌다. 그리스도교 신앙이 사도들과 예언자들에게 주어진 계시에 기초하므로, 토마스에게 정경 성서들은 근원적인 의미와 권위가 있다. 거룩한 교리는 교회 박사들의 권위도 본령에 맞게 사용하지만, 이는 개연적인 의미에 그칠 뿐이다. 거룩한 교리가 철학자들을 의존할 때는 단지 외부적이며 개연적인 방식으로만 의존한다. 자연 이성으로 진리를 알 수 있는 문제에 한해서만 철학자들을 활용한다.

이 점은 로마 가톨릭과 루터교와 개혁파 신학 전통의 관계를 이해하는 데 중요하다. 마르틴 루터는 스콜라 신학이 아리스토텔레스 철학에 과하게 의존한다고 날카롭게 비판했다. 그는 자신의 십자가 신학을 스콜라의 영광의 신학과 대조하면서, 후자를 스콜라주의의 자연신학과 동일시했다.[55] 20세기에 이르러 칼 바르트도 마

---

54   토마스 아퀴나스, 『신학대전』 제1부, 1문, 8절.

55   다음을 보라. Martin Luther, "Heidelberg Disputation: Theological Theses,"
      in *Martin Luther's Basic Theological Writings*, ed. Timothy F. Lull (Minne-
      apolis: Fortress Press, 1989), 30-32.

찬가지로 토미스트 철학과 신학을 바탕으로 자연신학을 옹호하는 것을 날카롭게 비판했다. 그러나 이러한 비판들은 중세 신학에서, 그리고 토마스 아퀴나스 신학에서 성서의 권위와 우선성을 간과한 경우가 많다. 스칸디나비아의 루터교 신학자 페르 에리크 페르손은 토마스가 성서에 권위를 부여했지만 전통적인 종교개혁 신학과 개신교 신정통주의가 스콜라주의에 반대하는 논변에서는 이 점을 간과했음을 논증함으로써 이 문제에 중요한 공헌을 했다.[56]

토마스가 성서에 부여하는 우선성은 철학의 역할을 제한한다. 철학은 거룩한 교리의 진리를 증명할 수 없는데, 거룩한 교리의 원리들이 계시에 기초하기 때문이다. 철학은 계시의 진리들이 이성과 모순되지 않음을 증명할 수 있을 뿐이다. 철학은 더 나아가 은유와 예시를 사용하여 이러한 진리의 의미를 조명할 수 있다. 철학은 논리적 해명을 통해 신앙의 조항에 담긴 함의들을 정교하게 다듬는다.[57]

거룩한 교리의 주제

거룩한 교리는 학문 분야로서 그 특유의 원리가 있을 뿐만 아니

56　Per Erik Persson, *Sacra Doctrina: Reason and Revelation in Aquinas* (Philadelphia: Fortress Press, 1970). 다음 책도 로마서에 관한 토마스의 논의에 대해 비슷하게 언급한다. Eugene F. Rogers, *Thomas Aquinas and Karl Barth: Sacred Doctrine and the Natural Knowledge of God* (Notre Dame, IN: University of Notre Dame Press, 1995).

57　토마스 아퀴나스, 『신학대전』 제1부, 1문, 5절 해답 2.

라 고유한 탐구 대상도 있다. 바로 하느님이 그 대상이다. 즉, 만물이 하느님과 관련되는 한 만물의 기원이자 목표이신 하느님이 대상이다. 아리스토텔레스적 학문 개념에서는 한 학문의 주제는 그 학문에 통일성을 부여하는 대상이나 목적에 의해 규정된다. 토마스에게, 하느님은 거룩한 교리에 통일성을 부여하는 목적이시다. 창조물은 자기 기원이자 목표이신 하느님과 관계 맺는 한에서만 신학의 적절한 주제가 된다.[58]

이 원리는 『신학대전』의 하느님 중심적 구조를 결정한다. 『신학대전』은 아리스토텔레스적 원인성 도식뿐만 아니라 신플라톤주의적 유출-회귀(하느님께로부터 와서 하느님께로 되돌아감) 도식까지 사용하여 창조된 모든 실재와 하느님의 관계를 표현한다. 토마스의 배열은 다른 스콜라 저자들의 배열과는 차이가 있다.[59] 어떤 이들은 더 체계적이거나 개념적인 순서를 따랐다. 페트루스 아벨라르두스의 배열은 신앙, 사랑, 성사였다. 페트루스 롬바르두스는 실재(res)와 실재의 기호에 주목한다. 다른 이들은 구원사의 순서를 따랐다. 생빅토르의 위그, 헤일스의 알렉산더, 보나벤투라는 그리스도와

---

58   Wayne J. Hankey, *God in Himself: Aquinas' Doctrine of God as Expounded in the* Summa theologiae (Oxford: Oxford University Press, 1987).

59   해석들에 관한 개요로는 다음을 보라. Otto Hermann Pesch, "Um den Plan der *Summa theologiae* des hl. Thoma von Aquin. Zu Max Seckler's neuem Deutungsversuch," *Münchener theologische Zeitschrift* 16 (1965): 128-37; 또한 그의 최근작인 다음을 보라. *Thomas von Aquin* (Mainz: Matthias-Grünewald, 1988), 381-400.

그의 구속 사역 및 그 유익에 주목했다. 토마스 직전 수십 년 동안, 페트루스 롬바르두스의 배열은 구원사를 고려하여 수정되었다. 이는 연대기적 구원사라는 의미가 아니라 하느님의 창조와 재창조—비가시적인 은총의 재창조와 그리스도와 성사 안에서 보이는 가시적인 재창조—사역을 해명하는 식의 구원사였다. 이런 뼈대는 마기스테르 후베르투스의 『조각을 거두라』(*Colligite fragmenta*, 1194-1200)에 분명히 드러나는데, 토마스도 이를 따랐다.[60] 하지만 토마스는 서방에서 아리스토텔레스를 재발견하는 맥락에 서 있다. 그는 아리스토텔레스의 학문 개념(즉, 작용인, 목적인, 형상인, 질료인이라는 다양한 원인에 호소하는 학문 개념)을 사용하여 모든 것이 하느님의 창조 활동을 지시하게 한다. 그럼으로써 그는 구원사에서 하느님의 사역, 곧 창조와 재창조를 신플라톤주의의 유출-회귀의 도식으로 정교하게 다듬어 낸다.

토마스 아퀴나스와 교도권

신학의 근간인 토대와 권위의 문제는 신학과 교도권의 관계를 묻게 한다. 아퀴나스 시대에는 오늘날 우리의 이해와 상당히 다른 교도권 이해가 지배적이었다. 오늘날에는 교도권을 단수형으로 말하는 것이 일반적인 관례가 되었다. 이러한 현대적 의미의 **교도권**

---

[60] 다음을 보라. Richard Heinzmann, "Der Plan der 'Summa theologiae' des Thomas von Aquin in der Tradition der frühscholastischen Systembildung," in Eckert, *Thomas von Aquino*, 455-69.

(magisterium)은 오랜 역사적 흐름의 산물이며, 그 배경도 다양하다.[61] 토마스는 복수형으로 **교도권들**(magisteria)을 말했고, 사목의 교도권과 가르침의 교도권을 구별했다.

토마스는 두 직무, 곧 고위 성직과 교수직을 구별했다. 또한 두 가르침, 곧 설교와 교리적 가르침을 구별했다. 고위 성직(praelatio)은 주교의 직무이며, 설교는 이들의 가르침에 포함된다(doctrina praedicationis). 신학자들은 교수직(magisterium)을 수행하며, 학술적 교리는 이들의 가르침에 포함된다(doctrina scholastica). 토마스는 가르치는 교수 직무에서 교도권이라는 칭호를 주로 신학자에게 붙이는 반면, 고위 성직 및 설교에서의 교도권은 주교에게 귀속시킨다. 토마스의 표현을 인용하자면, 주교에게는 "사목 교도권"(magisterium cathedrae pastoralis)이 있고 신학자에게는 "교수 교도권"(magisterium cathedrae magistralis)이 있다.[62]

---

61 Yves Congar, "Pour une histoire sémantique du terme 'Magisterium'" and "Bref histoire des forms du 'Magistère' et des ses relations avec les docteurs," *Revue des sciences philosophiques et théoloques* 60 (1976): 85-98, 99-112. 통상 교도권 개념의 전개에 관해서는 다음을 보라. John P. Boyle, "The 'Ordinary Magisterium': Towards a History of the Concept," *Heythrop Journal* 20 (1979): 380-98; and 21 (1980): 14-29.

62 사목 교도권과 교수 교도권의 구분에 관해서는 다음을 보라. Thomas Aquinas, *Questiones de quodlibet*. 3.4.1, ad 3 (Parma ed., 9:490-91). 또한 다음을 보라. *Contra impugnantes dei cultum et religionem*, cap. 2 (Parma ed., 15:3-8). 신학적 함의에 관해서는 다음을 보라. Avery Dulles's two essays, "The Magisterium in History: Theological Considerations" and "The Two Magisteria: An Interim Report," in his collection *A Church to Believe In* (New York: Crossroad, 1983), 103-33. 또한 다음을 보라. the special issue

오늘날 교황 교도권이라 불리는 것과 관련하여 보면, 토마스는 사법적 권한과 교리적 권한을 모두 교황에게 둔다. 신앙의 사안들을 규정하는 일은 교황이 내리는 판단인데, 더 중요하고 어려운 문제들이 그에게 회부되기 때문이다. 그러나 이브 콩가르가 지적했듯이, "성 토마스가 교황 교도권 무류성에 관해 말한 적 없다는 것이 사실이다. 게다가 토마스는 현대적 의미의 교도권의 용례를 알지 못했다."[63]

of *Chicago Studies* 17, no. 2 (Summer 1978), entitled *The Magisterium, the Theologian, and the Educator.*

63 Yves Congar, "Saint Thomas Aquinas and the Infallibility of the Papal Magisterium (*Summa theol.*, II-II, q. 1, a. 10)," *Thomist* 38 (1974): 102; Ulrich Horst, "Das Wesen der 'potestas clavium' nach Thomas von Aquin," *Münchener theologische Zeitschrift* 11 (1960): 191-201.

3. 신스콜라주의: 그 독특한 특징들

중세 스콜라 신학 시대에는 다양한 학파와 전통이 번성했다. 보나벤투라, 둔스 스코투스, 오컴의 윌리엄을 비롯한 많은 이가 신학에 지대하게 기여했다. 그러나 근대에 이르러서는 토미즘이 지배적이었다. 토마스의 『신학대전』은 교실 수업 기본 교재였던 페트루스 롬바르두스의 『명제집』을 대체했다. 르네상스와 종교개혁 이후에 발전한 신스콜라주의는 토마스에 대한 충성을 맹세했지만, 토마스의 사상 및 범주와 결정적 차이를 드러냈다. 이러한 차이는 20세기에 역사적 연구들을 통해 밝혀졌다.

스콜라주의에서 트리엔트 이후 가톨릭주의로

중세 스콜라주의에서 신스콜라주의로의 변화와 전환은 상당 부분

종교개혁을 둘러싼 논쟁과 르네상스의 영향으로 촉발되었다. 그러나 신학 방법의 변화는 중세 후기 스콜라주의 내부에서 이미 어느 정도 시작되었다. 이러한 변화를 추적해 보면 신학 검열의 발전까지 거슬러 올라갈 수 있다. 신학적 오류 문제, 그리고 신학적 오류와 철학적 오류 사이의 구분에 대한 인식이 신학 방법에서 새로운 발전을 낳았다. 이는 권위에 대한 강조를 강화하고 신학 원천의 수가 늘어나는 결과로 이어졌다.

13세기와 16세기를 비교하면 이러한 변화가 분명히 보인다. 13세기에 토마스는 아리스토텔레스가 『분석론 후서』에서 제시한 학문 개념을 따라, 신앙의 조항들을 그리스도교 교리를 이해하고 표현하기 위한 원리로 간주했다. 토마스는 자연 이성과 초자연적 계시 사이에 근본적인 조화가 있다고 가정했다. 불일치는 철학에서의 오류 때문에 생겼지만, 성서와 교회 박사들의 가르침을 통해 교정할 수 있었다.

그러나 14세기와 15세기에 특정한 흐름이 생겨서 토마스가 했던 방식 그대로 기본 권위를 성서와 전통에 두는 것이 불가능해졌다. 교황권을 둘러싼 논쟁이 있었고, 공의회와 교황청과 대학들 간에 교리를 감독할 권한을 두고 갈등을 빚었다. 그래서 더 복잡한 신학 방법이 필요하게 되었다. 이러한 신학 방법은 후안 데 토르케마다에게서 비롯되어, 1519년 라이프치히 논쟁에서 요한 에크가 마르틴 루터와 논쟁할 때 사용했고,[64] 이어서 반동 종교개혁(Counter-Reformation) 논쟁에서 알베르트 피게와 바르톨로메 카란사가 더욱 발전시켰다.[65] 이 신학 방법은 성서, 전통, 공의회, 교황의 가르침 등에 호소함으로써 가톨릭의 진리(veritates catholicae)를 확정하려 했다. 이러한 방법은 아퀴나스의 시대와는 상황이 매우 다름을 보여 주는 표지다. 16세기에 신학 방법은 다양한 원천 속에서 명백한 원리를 찾는 탐구 방법이 되었다. 스페인의 도미니코회 신학자 멜키오르 카노는 다양한 원천 속에서의 권위에 관한 이 문제에 직면했다. 그의 제안은 바로크 스콜라주의에 영향을 주었고, 바로크 스콜라주의에서 신스콜라주의로 이어지는 발전의 단초가 되었다.[66]

바로크 스콜라주의

멜키오르 카노는 신학적 권위의 원천들에 대한 책인 『신학의 장소

---

64 다음 두 저술을 보라. P. Polman, *Die polemische Methode der ersten Gegner der Reformation* (Münster: Aschendorf, 1931); idem, *L'élément historique dans la controverse religeuse du XVIe siècle* (Gembloux: J. Duculot, 1932).

65 Albert Pigge, *Hierarchiae ecclesiasticae assertio* (1538)와 Bartolomé Caranza, *De necessaria residential personali episcoparorum* (1547). 다음을 보라. Charles H. Lohr, "Modelle für die Überlieferung theologischer Doktrin: Von Thomas von Aquin bis Melchior Cano," in *Dogmengeschichte und katholische Theologie*, ed. Werner Löser et al. (Würzburg: Echter, 1985), 148-67, 특히 164-67.

66 스페인 스콜라 신학 학파들의 중요성과 기여에 관한 여러 논의를 바로잡기 위한 자료로는 다음을 보라. Melquiades Andres, *La teología española en el siglo xvi* (Madrid: Biblioteca de autores cristianos, 1976), vol. 2. 신학 방법과 카노에 관해서는 특히 pp. 386-424를 보라.

들에 관하여』(*De locis theologicis*)를 집필했다. 1563년 그의 사후에
출간된 이 책은 새롭고 독특한 신학적 접근법을 대표적으로 보여
준다. 르네상스 시대에는 다양한 학문 분야를 위한 여러 '장소
들'(loci)을 정리하는 관행이 있었고, 카노는 이러한 관행을 신학으
로 확장했다. 그는 신학이 그 논변과 추론의 원천를 찾을 수 있는
근거지 목록을 개발했다.

카노는 여러 '장소'를 모으는 관행을 신학 분야에 적용하면서,
아리스토텔레스적 자리 개념이 아니라 인문주의적 자리 개념을 따
랐다. 인문주의자 루돌프 아그리콜라가 발전시킨 이 개념은 키케
로를 따른 것으로, '장소'를 '논증의 장소'(sedes argumentum, 논증에
서 권위 있는 원천)로 본다.[67] 카노와 아리스토텔레스의 차이는 중요
하다. 카토에게 '장소'라는 용어는 삼단논법의 전제들이나 신학의
원리를 가리키지 않는다. 그 대신 이 용어는 신학이 권위들을 발견
하는 장소를 가리켰다.[68] 이렇게 카노는 로마 가톨릭 신학의 근저

---

[67] 카노는 아리스토텔레스뿐만 아니라 루터교 스콜라학자 멜란히톤과도 달랐다.
멜란히톤은 locus를 locus communis로 썼다.

[68] 원래 앙브루아즈 가르데유가 카노가 아리스토텔레스적 의미로 loci를 이해했다
고 해석했었다. 반면 알베르트 랑은 카노가 키케로를 따라서 loci를 달리 이해
했다고 주장한다. 다음을 보라. A. Lang, *Die theologische Prinzipienlehre der
mittelalterlichen Scholastik* (Freiburg: Herder, 1964). 오늘날 일반적 해석은
알베르트 랑이 정립한 방향을 따른다. 또한 다음을 보라. Elmer Klinger, *Ekkle-
siologie der Neuzeit* (Freiburg: Herder, 1978); M. Jacquin, "Melchior Cano
et la théologie modern," *Revue des sciences philosophiques et théologiques*
9 (1920): 121-41.

를 이루는 권위의 무게를 가지고 이 신학의 토대를 확립하고자 했
다. 그는 신학에서 주장할 수 있는 권위의 원천을 다음과 같이 열
가지로 나열했다. (1) 성서 (2) 구전 전승 (3) 보편 교회(the Catholic
church) (4) 보편 공의회들 (5) 로마 교회 (6) 교부들 (7) 스콜라 신
학자들 (8) 인간 이성 (9) 철학자들 (10) 역사. 카노에 따르면 앞의
일곱 가지는 엄밀한 의미에서 신학적 권위이며, 뒤의 세 가지는 신
학 외적인 것이다.[69]

16세기 바로크 스콜라주의에서 19세기와 20세기의 신스콜라주
의로 넘어갈 때 또 다른 발전이 있었다. 파리 신학자 드니 페토(Di-
onysius Petavius)의 저술은 이 발전에서 결정적 역할을 했다. 오늘
날에는 보통 로베르토 벨라르미노와 프란시스코 수아레스를 16세
기와 17세기의 대표적인 신학적 인물로 본다. 그러나 20세기 초 신
스콜라주의 신학자들은 드니 페토를 가장 중요한 인물로 보았다.
얼마나 중요하게 보았냐면 신스콜라주의 신학자 카를로 파살리아
와 클레멘스 슈라더가 그를 "신학자 중 단연코 으뜸"(theologorum
facile princeps)이라 칭할 정도였다.[70] 페토는 신학에서 역사적 원천
활용 방식을 발전시킨 점뿐만 아니라 신학의 본성을 이해하는 방
식에도 큰 영향을 미쳤다.[71]

---

69   Lohr, "Modelle für die Überlieferung theologischer Doktrin," 148-67.

70   다음을 보라. Walter Kasper, *Die Lehre von der Tradition in der Römischen
Schule* (Freiburg: Herder, 1962), 379.

71   다음을 보라. Michael Hoffmann, *Theologie, Dogma und Dogmenentwick-*

페토는 신학을 연역적 학문으로 보는 이해를 발전시켰는데, 이는 중세적 이해로부터의 결정적 전환이었다. 페토는 신학이 연역적 방법을 사용할수록 학문 분야로서의 지위를 확고히 할 수 있다고 주장했다. 신학은 이성의 전제를 가지고 신앙의 전제로부터 결론을 연역하여 지식의 진보를 이룬다. 철학은 삼단논법적 과정에서 중간 고리 역할을 한다. 페토의 이해는 연역적 삼단논법이 학문 분야의 과학적 성격을 구성한다는 배경 이론을 암묵적으로 가정하고 있다. 따라서 그에 따르면 신학은 연역 과정을 통해 신학적 결론에 도달하는 경우에 한해서만 엄밀한 학문이다. 신학적 결론을 연역적이고 삼단논법적인 것으로 보는 이러한 관념은 신학을 과학적 학문으로 보는 신스콜라주의 특유의 신학 이해로 자리 잡았다. 과학적 성격에 대한 이러한 이해는 신스콜라주의 신학 개론서들의 구조와 전개 방식을 형성했다.

신스콜라주의 신학

신스콜라주의 접근 방식의 특징은 신학 교습서(manual)의 발전에

lung im theologischen Werk Denis Petaus (Munich: Herbert Lang, 1976); Ignace-Marcel Tshiamalenga Ntumba-Mulemba, "La method théologique chez Denys Petau," *Ephemerides Theologicae Lovanienses* 48 (1972): 427–78; Leo Karrer, *Die historisch-positive Methode des Theologen Dionysius Petavius* (Munich: M. Hueber, 1970).

있다. 신학 교습서는 신학 교육의 주된 도구가 되었다. 바로크 스콜라주의가 토마스의『신학대전』에 대한 몇 가지 중요한 주석서를 만들어 냈다면, 신스콜라주의의 독특성은 신학 학교 교습서를 만든 데 있다. 이러한 교습서는 정형화된 접근 방식을 따랐다. 즉, 특정 주제에 대한 가톨릭의 입장을 명확히 하고, 그다음 성서와 초기 교회 저술가들에게서 도출한 논거로 가톨릭 입장의 진실성을 입증하고, 마지막으로 개신교의 오류를 논박한다. 신학 교습서의 이러한 접근 방식과 방법론은 페토가 구상한 신학 방법의 영향을 보여 준다. 신스콜라주의는 명석판명한 관념을 강조한 데카르트주의에 영향을 받았다. 그래서 이러한 과학적 이상을 신학 접근법에 도입하려 했다.[72] 신스콜라주의 신학 방법의 이 세 단계는 중세 스콜라주의의 논쟁이나 바로크 스콜라주의의 주석과는 상당히 다른 출발점과 접근 방식을 보여 준다.

출발점: 교회의 가르침

신스콜라주의의 교습서들은 교회의 가르침을 해설하는 정립명제에서 시작하여 신학의 주제를 다루었다. 이러한 관행을 처음 채택한 텍스트는 1771년의『뷔르츠부르크 신학』(*Theologie Wircebur-*

---

[72] Alexander Ganoczy, *Einführung in die Dogmatik* (Darmstadt: Wissenschaftliche Buchgesellschaft, 1983). 이 세 단계 방법에 관한 분석으로는 다음을 보라. B. Durst, "Zur theologischen Methode," *Theologische Revue* 26 (1927): 297-313과 361-72.

gensis)이었다. 이 책은 널리 유통되어 사용된 신학 교습서다. 이 교습서가 교회의 가르침에 관한 정립명제로 시작한 이유는 신스콜라주의 신학이 교회의 가르침을 '신앙의 근거리 규범'(re fidei proxima)으로 간주했기 때문이다. 바로 이 가르침이 명료한 규칙과 확정된 기준을 제공하여 신자들이 성서와 전통에 담긴 진리를 판별할 수 있게 한다는 것이다. 그리고 성서와 전통은 신앙의 원거리 규범으로 여겨졌다.[73] 이렇게 근거리 규범과 원거리 규범으로 구분한 것은 신스콜라주의의 관심사를 드러낸다. 신스콜라주의는 최대한 정확하고 간략한 정식 문구로 로마 가톨릭 신앙의 내용을 설명하고자 트리엔트 공의회 이후의 신학과 변증에 관심을 두고 있었다. 이는 정확하고 간결했기에 신앙의 정식 문구를 설교하고 교육하고 학습하기 좋았다.[74]

이러한 접근 방식은 전통적 스콜라주의와 비교할 때 두 가지가 결정적으로 변했다. 하나는 제시 형식에 관한 것이고, 다른 하나는 성서의 역할에 관한 것이다. 먼저 제시 방식은 질문(quaestio)에서 정립명제(thesis)로 바뀌었다. 고(高)스콜라주의에서는 가르침의 틀을 이루는 것이 질문이었고, 후기스콜라주의에서는 논쟁(disputatio)이었다. 전통적인 스콜라적 가르침은 논쟁적 질문으로 시작했지만, 근대 스콜라 신학은 교회의 가르침에 관한 정립명제로 시작

---

73   다음을 보라. Kasper, *Die Lehre von der Tradition*, 40-47.

74   Ganoczy, *Einführung*, 130-43.

했다. 저명한 역사학자 셰뉘는 근대 스콜라주의와 중세 스콜라주의의 이러한 차이를 잘 묘사했다. "조항은 질문이지 정립명제가 아니다. 그러나 정립명제라는 말이 교습서에 쓰이게 되었다. 용어 변화 자체가 12세기 대학에서 확립된 기품 있는 교육 방법이 해괴하게 뒤바뀐 일에 대한 규탄이다. 12세기의 방법들은 학생과 선생 모두 학업의 중압감 속에서도 호기심의 공간을 신경 쓴 '능동적 방법'이었다."[75]

두 번째 변화는 성서의 역할과 관련된다. 중세 스콜라주의는 성서에 우선성을 두었고, 기본적으로 교육의 상당 부분이 성서 주해였다. 논쟁이 되는 문제들은 권위에 호소함으로써 해결되었는데, 가장 적절하고 본래적인 권위는 성서였다. 토마스가 주장했듯이, 성서의 권위에 기반한 논증은 본유적이고 필연적인 신빙성이 있기 때문이다. 그러나 신스콜라주의의 상황은 근본적으로 달랐다. 종교개혁이 성서에 호소했고, 이에 대한 반작용으로 신스콜라주의 신학자들은 성서는 잘못 해석되는 경우가 많다고 주장했다. 따라서 교회의 공식 가르침이 신앙의 일차적인 근거리 규범이라고 주장했다.

이렇게 교회의 공식 가르침을 신앙의 근거리 규범으로 규정했기에 교회 가르침이 갖는 구속력을 세밀하게 기술해야 했고, 이는 신스콜라주의 접근 방식의 독특한 특징이 된다.[76] 신학 명제들은 신앙에서 핵심성의 정도, 확실성의 정도, 위험성의 정도에 따라 분

75　Chenu, *Toward Understanding*, 96.

류되었다. 예컨대 신학 명제는 '형식상 계시된 진리들'을 표현할 수 있는데, 이 진리들은 '신적 신앙에 속하는'(de fide divina) 것으로 분류되며, 이것들을 부인하면 이단에 해당한다. 형식상 계시되었고 또한 교도권으로도 그 계시성을 규정한 명제들은 '정의된 신적 신앙'으로 간주되었다. 반면 통상 교도권이 계시된 진리라고 가르친 것들은 단순히 '신앙에 속하는'(de fide) 것으로 분류되었다. 그다음 등급에는 교회의 교수 직무에서 간접적으로 도출되는 진술이 있다. 이러한 것들은 교회적 신앙에 속하는 것으로 규정되었거나, 혹은 교회적 신앙에 속하는 것으로 그저 널리 인정되었다. 그 밖의 신학적 입장들은 그에 상응하는 더 낮은 등급의 이름으로 분류되었는데, 이를테면 신앙에 근접한 것, 신학적으로 확신하는 것, 공통된 의견, 개연적 의견과 같은 식으로 분류되었다.[77]

신학 명제들을 이렇게 명석판명하게 분류하려는 시도는 당시에 유행하던 철학적 태도와 어느 정도 비슷했다. 신스콜라주의는 명석판명한 관념을 원하는 데카르트식 학문적 이상을 가지고 있었다. 신스콜라주의의 접근 방식은 이런 판명한 분류를 통해 신학적

---

76   신스콜라주의의 교도권 이해의 독특성에 관해서는 다음을 보라. T. Howland Sanks, *Authority in the Church: A Study in Changing Paradigms* (Missoula, MT: Scholars, 1974).

77   Francis A. Sullivan, *Creative Fidelity: Weighing and Interpreting Documents of the Magisterium* (New York: Paulist, 1996); Harold E. Ernst, "The Theological Notes and the Interpretation of Doctrine," *Theological Studies* 63 (2002): 813–25.

논쟁과 논의의 경계를 설정했다. 이견과 반대도 가능했지만, 오로지 등급화된 명제의 위계라는 틀 안에서만 가능했다. 신스콜라주의적 접근에 대한 반작용으로 많은 신학자가 이러한 분류를 비판해 왔다. 하지만 오늘날에는 균형을 맞춘 재평가가 이루어지고 있다. 이러한 분류는 결코 무가치하지 않다. 이견과 반대가 가능한 영역을 식별해 준다는 장점이 있기 때문이다. 또한 전통의 모든 요소를 무분별하게 로마 가톨릭 신앙의 핵심이자 본질로 여기지 않게 막아 준다.

원천으로부터의 증명: 성서와 전통

두 번째 단계는 정립명제의 진리를 신앙의 원천들과 관련해서, 곧 성서와 전통과 관련해서 입증하려는 단계다.[78] 원천들로부터의 증명은 일정한 절차를 따랐다. 이 증명은 교도권의 가르침과 독립적으로 이루어진 게 아니라, 정확히 그 가르침의 관점에서 수행되었다. 이는 원천들이 가진 고유의 맥락과 문제 속에서 원천들을 역사비평적으로 분석하려는 시도가 아니었다. 오히려 증명하고자 하는 명제를 기반으로 원천을 선택하고 해석했다. 실제로 성서 본문과 초기 그리스도교 저술가들의 글에서 가져온 구절은 특정 명제를 입증하기 위한 증거 본문으로 환원되었다. 이런 구절들은 그 맥

---

78 전통에 대한 로마학파의 이해를 분석한 것으로는 다음을 보라. Kasper, *Die Lebre von der Tradition*.

락과 무관하게 인용되는 경우가 잦았고, 주로 특정 교리의 정립명제가 진리임을 보여 주는 증거로 해석되었다.

이러한 절차는 신앙의 근거리 규범과 원거리 규범을 구분함으로써 명시적으로 정당화되었다. 신앙의 근거리 규범은 원거리 규범의 의미와 증거적 가치를 이해하기 위한 해석학적 열쇠를 제공했다. 한 스콜라주의 신학자가 드러내 놓고 말했듯이, "거룩한 경전이 영감받은 글로서 지니는 증거 능력과 전통 문서들의 증거 능력은 교회의 교수 직무에 의존한다. 왜냐하면 원천들은 오로지 가르침에 힘입어서만 지식의 질서 속에서 우리에게 가치가 있기 때문이다."[79]

사변적 설명

세 번째 단계는 정립명제를 체계적으로 해명하여, 그 진리에 대한 더 깊은 이해로 인도하려는 단계다. 교회의 가르침은 정립명제로 확인되었고, 성서와 전통에 호소하여 입증되었으며, 이제 마지막 단계에서 철학적 성찰을 통해 한층 더 밝혀진다. 이 성찰은 자연적 경험에서 취한 사례, 유비, 비교에 의존한다. 이러한 사례들은 정립명제를 예증하고 그 의미를 더욱 상세히 펼쳐 보여 준다. 이 단계에서 조직적 성찰은 특정 정립명제를 다른 신앙 내용과 연결시키려 했고, 이를 통해 그 정립명제가 다른 신앙 내용들과 정합성이 있음을 나타내려 했다.

---

[79]　　Durst, "Zur theologischen Methode," 310(나의 번역이다).

동시에 이 단계는 정립명제를 일정하게 '현실화'하려 했다. 당대의 물음을 다룬다는 점에서 정립명제를 구체적 쟁점에 적용한 것이다. 다시 말해, 전통적 진리들이 어떻게 현대의 물음들과 상관 있을 수 있는지, 또한 어떻게 그 물음들에 대한 답을 담고 있는지를 보여 주려 했다. 이 세 번째 단계에 나타난 또 하나의 요소는 개념을 더욱 명료화하기 위해 다양한 스콜라학파들 사이의 논쟁(예컨대 토미스트와 스코투스주의자 사이의 논쟁, 혹은 토미스트 간의 의견 차이로 인한 논쟁)을 해결하려는 시도다. 신스콜라주의의 틀 안에서 철학적 성찰은 이의 제기나 비판보다 신학적 숙고를 위한 도구, 곧 수단이었다. 철학의 목적은 신학의 진리들을 더 깊게 이해하도록 돕는 데 있었다.

신스콜라주의 신학의 위기

오늘날, 신스콜라주의 신학은 신학을 시대에 맞게 현대화하려는 이들에게 자주 비판받는다. 하지만 그러한 비판은 신스콜라주의 신학의 성취를 간과하는 경우가 많다. 신스콜라주의 신학은 오늘날의 신학자들과 마찬가지로 자기 시대의 문제를 다루려 했다. 현실의 종교 형태와 계시를 비판하는 합리론에 직면하여, 신스콜라주의 신학은 계시와 제도 종교에 대한 변증을 발전시키고자 했다. 명석판명한 개념을 주창하는 합리론에 직면하여, 신스콜라주의는 그리스도교 계시를 구성하는 것이 무엇인지를 최대한 명확하게 규정하려 했다. 신스콜라주의자들은 진리를 합리론적으로 구상했다. 즉, 진리를 명확한 명제와 판명한 개념의 측면에서 이해한 것이다. 이러한 진리 이해는 그들이 맞서 싸웠던 합리론의 영향 때문이기도 하다. 에큐메니컬 논쟁의 시대에 신스콜라주의 신학은 로마 가톨릭 정체성의 고유한 측면을—비록 방어적 태도이긴 하지만—면밀하게 구획하려 했다. 신스콜라주의 신학은 자기 시대의 도전에 맞서 자기 신앙을 수호하려 했던 것이다. 오늘날 신스콜라주의 신학은 종종 실패한 것으로 보이는데, 그 원인은 부분적으로 자기 시대의 사조와 범주에 빚지고 있었다는 점에서 찾을 수 있다.

어쨌든 두 가지 기본 문제가 신스콜라주의 신학 내부의 위기로 이어졌다.[80] 이 문제들은 신학이 고전적 접근 방식에서 현대적 접근 방식으로 전환하는 계기가 되었다. 첫째는 인간의 사유가 일반적으로 역사적 성격을 띤다는 인식이 커졌다는 점이다. 이러한 인식이 신학에 적용되어 신학적 확언들의 역사적 성격을 인정하게 되었다. 둘째는 신학과 철학이 새로운 관계로 이행했다는 점이다. 초월적 철학, 현상학, 해석학, 실존주의의 전개는 신학 방법론 안에서 철학의 역할을 바꾸어 놓았다. 철학은 이제 신학 작업에서 보조적이거나 도구적인 역할에 머물지 않는다.

80　Walter Kasper, *The Methods of Dogmatic Theology* (Shannon, Ireland: Ecclesia, 1969).

4. 요약

세 가지 고전적(아우구스티누스적, 토마스적, 신스콜라주의적) 신학 접근법은 공통 요소를 보여 주는 동시에 중요한 차이도 드러낸다. 이 셋은 모두 전통(특히 성서), 신학의 학문적 성격, 교회 공동체의 중요성, 경험의 역할을 강조한다. 그러나 이 네 요소가 서로 어떻게 연관되고 결합되는지에 대해서는 상당한 차이가 있다. 아우구스티누스는 개인의 정화와 올바른 성서 해석의 관계를 강조했다. 토마스는 권위와 규칙을 갖춘 학문 분야로서의 거룩한 교리를 강조하는 쪽으로 전환했다. 그리고 신스콜라주의는 성서와 전통을 신앙의 원거리 규범으로 보고, 이를 해석하기 위한 근거리 규범으로 교회의 가르침을 강조하는 방향으로 전환했다.

이러한 전환의 바탕이 되는 배경 이론들은 '학문적'이 어떤 의미인지, 전통을 해석한다는 것이 어떤 의미인지에 영향을 주었고, 따라서 이 각각의 전환은 그 배경 이론을 고려하지 않으면 이해할 수 없다. 아우구스티누스는 신플라톤주의 없이 이해할 수 없고, 토마스는 아리스토텔레스주의 없이 이해할 수 없으며, 신스콜라주의는 스콜라주의를 합리론적이며 데카르트적인 방식으로 수용한 점을 고려하지 않고 이해할 수 없다. 그리스도교 신앙의 내용에 대해 비판적으로, 신학적으로 사유하려는 시도는 이 세 가지 고전적 유형의 로마 가톨릭 신학에 모두 있지만, 이 셋 모두 특정한 철학적·이론적 배경 이론과 복잡하게 연관되어 있다.

1. 초월적 신학
근대 신학에서 주체로의 전환
칼 라너의 초월적 현상학
아퀴나스와 라너 비교
초월적 신학을 넘어서

2. 해석학적 신학
경험과 언어
고전: 전통의 권위
해석학을 넘어서

3. 신학에 대한 분석적 접근법
메타이론: 신학 방법론
모델과 범주 분석
메타이론을 넘어서

4. 상관관계 방법
배경
현대 로마 가톨릭 신학에서 상관관계 방법
상관관계를 넘어서

5. 해방신학
출발점
이데올로기 비판
예속된 지식
프락시스를 기준으로

III

현대의 다섯 가지 신학 접근법

현대 로마 가톨릭 신학에는 특색 있는 여러 방법과 접근법이 사용된다. 이러한 다양성을 어느 정도 보여 주기 위해, 여기서는 다음과 같은 접근 방식을 '이론상의 유형'(ideal types)으로 기술할 것이다. 곧 초월적 접근법, 해석학적 접근법, 분석적 접근법, 상관관계적 접근법, 해방신학적 접근법이다. 이러한 접근 방식은 이론적으로 서로 구별된다는 점에서 이론상의 유형에 해당한다. 하지만 실천에 있어서는 이런 접근 방식들이 상호 배타적이지 않으며, 실제로 종종 결합되기도 한다. 특정 신학자가 주로 한 가지 접근 방식을 따르면서도 동시에 다른 접근법에서 통찰, 범주, 방법을 차용하기도 한다. 예컨대 해방신학은 신학 운동으로서 초월적 신학이나 해석학적 신학과 확연히 구별되지만, 해방신학자가 특정한 주장을 펼치면서 초월적 분석이나 최근의 해석학 이론을 활용할 수도 있다.

1. 초월적 신학

데카르트와 칸트가 촉발한 근대 철학의 도전에 주목하는 근대 로마 가톨릭 신학은 상당 부분 '주체로의 전환'이라는 표현으로 그 특징을 가장 잘 나타낼 수 있다. 즉, 인간의 주관성/주체성과 그것이 인간의 지식 및 종교적 신념에서 차지하는 역할에 초점을 두는 것이다. 이러한 전환은 특히 18세기와 19세기에 두드러졌다. 이 시기에 여러 신학 학파가 근대 철학의 도전을 수용하고자 했기 때문이다. 그러나 이러한 시도는 비오 9세와 레오 13세가 재임하는 동안 저지당했다. 특히 레오 13세는 토미즘을 로마 가톨릭교회의 공식 철학으로 재가했다. 그 결과 20세기 초에는 토미즘이 로마 가톨릭 철학 및 신학에서 지배적인 흐름이 되었다. 그러나 1940년대와 1950년대에 새로운 출발이 이루어졌다. 신학이 이번에는 근대 철학과 토미즘 철학을 통합하려 했다. 가톨릭 신학이 초기에는 근대 철학과 관계 맺으려 했고 이어서 거부했다가 다시 관계 맺으려

했는데, 이렇게 근대 철학과 씨름했던 점은 더 자세히 검토할 필요
가 있다.

근대 신학에서 주체로의 전환

신학을 근대 철학과 통합하려는 노력은 19세기 초에 이르러 결실
을 거두었다. 뮌스터와 본 대학교 교수였던 게오르크 헤르메스는
데카르트의 회의 원리가 통합된 신학의 출발점을 해명하고자 했
다. 안톤 귄터는 비록 빈에서 제도권 바깥의 연구자로 신학 저술
활동을 했지만, 19세기 독일어권 로마 가톨릭 신학자 중 가장 영향
력이 컸다. 그는 데카르트의 영향이 짙은 인간학과 범주에 기초하
여 신학을 개발하려 했다. 튀빙엔학파 신학자들(폰 드라이, 묄러, 슈타
우덴마이어, 쿤, 셸)은 독일 관념론, 특히 헤겔, 야코비, 슐라이어마허,
셸링과 같은 주요 인물과 대화했다.[1] 튀빙엔 신학자들은 신앙의 내
용과 역사를 인간의 주관성과 연관 짓기 위해, 이 철학자들의 통찰
과 범주를 가져와서—물론 상당한 수정이 있었다—로마 가톨릭
신학을 발전시키려 했다. 로마 가톨릭 신학, 특히 튀빙엔학파의 신
학은 인간의 경험에 호소한 슐라이어마허에게 확연한 영향을 받았

---

1   종합적 개관으로는 다음을 보라. Donald J. Dietrich, *The Goethezeit and the Metamorphosis of Catholic Theology in the Age of Idealism* (Frankfurt: Peter D. Lang, 1979).

지만, 역사와 전통을 강조함으로써 이러한 영향이 특정한 방향으로 가게 했다.

신스콜라주의 운동은 근대 철학과 로마 가톨릭 신학을 화해시키려는 이러한 시도에 반발했다. 교회적·정치적 압력이 가톨릭 교육 기관에 가해졌고, 그 결과 여러 저명한 신학자가 교수직을 잃었다. 교황청은 토미즘을 로마 가톨릭 신학의 '공식 철학'으로 공포했다. 그러나 이는 특수한 형태의 토미즘이며, 오늘날은 이를 신토미즘(Neo-Thomism)으로 부른다. 이러한 신토미즘은 근대 철학과 계몽주의에 반발했지만, 근대성을 적대한 만큼이나 근대성의 산물이기도 했다. 신토미즘은 자연과 은총을 날카롭게 분리했고, 신앙의 현관(preamble of faith)을 확장하여 이를 본격적인 자연신학으로 발전시켰으며, 조직신학과는 구별되는 기초신학 및 변증학을 전개했다. 이러한 전개는 신토미즘이 반대했던 근대성을 오히려 깊이 반영하고 있다.[2]

그러나 신토미즘이 압박을 가했다고 해서 근대 철학과의 대화가 끝나지는 않았다. 시간이 흐르면서 근대성에 반대하는 논쟁이 잦아들었고, 신토미스트들은 근대 철학을 반대하던 일에 점차 관여하지 않게 되었다. 그 대신 진정한 역사 연구가 번성했다.[3] 이러

---

2   기초신학의 역사적 발전에 관해서는 다음을 보라. Francis Schüssler Fiorenza, *Foundational Theology: Jesus and the Church* (New York: Crossroad, 1984).

3   그라브만(Grabmann), 글로리외(Glorieux), 셰뉘(Chenu)의 저작은 그저 몇

한 맥락 가운데 토미즘 부흥의 후예들 사이에서 토마스 신학을 근대 철학과 관련시키려는 시도가 나타났다. 제2차 바티칸 공의회와 그 이후 시대에 가장 영향력 있었던 로마 가톨릭 신학자는 모두 신스콜라주의 전통에서 훈련받았고, 한스 큉과 요제프 라칭거를 제외하면 토마스에 관해 학위 논문을 썼거나 첫 주요 저술을 썼다. 이들은 신스콜라주의의 전제와 관점에서 독립하여 토마스 아퀴나스를 재해석하려 했다. 이들은 토마스 사상에서 신학적 차원을 전면에 부각시켰고, 토마스 신학에서 아우구스티누스적인 요소들을 복원했다. 또한 신스콜라주의에 나타난 자연과 초자연 간의 추상적 대조가 진정으로 토마스적인 것이 아님을 보여 주었다. 이러한 노력은 강력하고도 효과적인 신학 운동이었는데, 왜냐하면 근대에 매료되어 과거를 폐기하지도 않았고 과거에 대한 향수 때문에 근대를 거부하지도 않았기 때문이다. 이러한 노력은 토마스 신학과 근대 철학이 접촉하는 길을 열었다.

이 운동의 결과는 실로 인상적이다. 칼 라너의 아퀴나스 인식론 연구는 칸트와 하이데거의 범주를 모두 아울러 통합했다.[4] 버나드 로너간의 두 편의 논문(작용 은총[operative grace]에 관한 학위 논문과 내적 말씀과 관념의 관계에 관한 논문)은 토마스를 근대 인식 이론과 연

가지 예에 불과하다.

4   Karl Rahner, *Spirit and the World* (New York: Herder & Herder, 1968). 이에 관한 입문으로는 다음을 보라. F. Fiorenza, "Karl Rahner and the Kantian Problematic," xxix-xl.

결한다.[5] 토마스의 성사 이해에 관한 에드바르트 스힐레벡스의 학위 논문은 성사들을 만남의 현상학과 연결한다.[6] 앙리 부이야르의 은총과 자연의 관계에 관한 연구와 앙리 드 뤼박의 초자연 개념 발전에 관한 역사적 연구는—신토미즘이 간과했던—아우구스티누스적인 요소들이 토마스 신학에서 중요함을 보여 준다.[7] 그다음 세대 신학자들(대표적으로 요한 밥티스트 메츠, 막스 제클러, 오토 헤르만 페쉬)도 토마스 아퀴나스와의 이러한 대화를 이어갔다.[8]

5 Bernard Lonergan, *Verbum: Word and Idea in Aquinas*, ed. David Burrell (Notre Dame, IN: University of Notre Dame Press, 1967); idem, *Grace and Freedom: Operative Grace in the Thought of St. Thomas Aquinas*, ed. L. P. Burns (New York: Herder & Herder, 1971), 1224-30.

6 Edward Schillebeeckx, *De sacramentele heilseconomie* (Bilthoven: Nelisson, 1952).

7 Henri Bouillard, *Conversion et grâce* (Paris: Éditions du Cerf, 1944); Henri de Lubac, *The Mystery of Salvation* (New York: Herder & Herder, 1967); idem, *Augustinian and Modern Theology* (New York: Herder & Herder, 1969).

8 Johann Baptist Metz, *Christliche Anthropozentrik* (Munich: Kösel Verlag, 1962). 또한 다음을 보라. Max Seckler, *Instinkt und Glaubenswille* (Mainz: Matthias-Grünewald, 1961); idem, *Das Heil in der Geschichte: Geschichtstheologisches Denken bei Thomas von Aquin* (Munich: Kösel, 1964); Otto H. Pesch, *Theologie der Rechtfertigung bei Martin Luther und Thomas von Aquin* (Mainz: Matthias-Grünewald, 1967); idem, *Thomas von Aquin: Grenze und Grösse mittelalterlicher Theologie* (Mainz: Matthias-Grünewald, 1988).

칼 라너의 초월적 현상학

로마 가톨릭 신학에서 초월적 방법의 발전은 특히 중요한 의미가 있다.[9] **초월적**이라는 용어는 역사적으로 다양한 의미가 있는 전문 철학 용어다. 스콜라 철학에서 '초월적'이라는 말은 모든 존재자에게 적용되는 것을 가리켰다. 예컨대 '선함'은 존재하는 모든 것(예: 하느님, 천사, 인간, 자연의 사물)에 적용되므로 초월적이다. 반면 '양'은 물질적 실재에만 적용된다. 근대 철학에서 칸트는 '초월적'이라는 말을 경험이 가능하기 위한 선험적 조건들을 가리키는 데 사용했다. 이런 의미에서 초월적 분석은 인간의 인식 작용을 분석함으로써 지식의 조건들과 가능성을 탐구한다.

현대 로마 가톨릭의 초월적 토미즘에서 '초월적'이라는 용어는 앞의 두 의미를 결합한 제3의 의미가 있다. 먼저 지식이 가능하기 위한 주관적 조건을 가리킨다는 점에서 칸트적 의미가 있다. 이런 의미에서 '초월적'이라는 말은 우리가 계시를 알기 위한 조건들을 가리킨다는 점에서 신학적으로 활용된다. 조직신학은 "중요한 신앙 진리를 알기 위한 신자 안에 있는 선험적 조건"을 탐구할 때 초월적이다.[10] 또한 '초월적'이라는 용어는 그것이 인간 지식의 무한

---

9   Otto Muck, *The Transcendental Method* (New York: Crossroad, 1968); Harold Holz, *Transzendentalphilosophie und Metaphysik* (Mainz: Matthias-Grünewald, 1966).

10   Karl Rahner, "Transcendental Theology," in *Sacramentum Mundi* (New

한 지평을 가리키는 한에서 여전히 스콜라적 의미의 요소도 담고 있다. 이런 의미에서 초월적이라는 말은 구체적인 경험 대상뿐만 아니라 실재 전체의 의미를 파악하려고 분투하는 인간 지성의 무제한적 역동성을 가리킨다.

초월적 토미즘은 벨기에 예수회 수사원 철학 교수였던 조제프 마레샬의 작업에서 유래한다. 그는 토마스 아퀴나스의 형이상학을 근대 철학, 특히 칸트와 피히테의 철학과 관련지었다. 마레샬은 자신의 가르침과 다섯 권짜리 저작 『형이상학의 출발점』[11]으로 로마 가톨릭 철학자와 신학자에게 지대한 영향을 미쳤다. 마레샬의 영향을 받아 신학에서 초월적 접근을 대표하게 된 신학자가 많은데, 그 중 가장 영향력 있고 저명한 인물은 단연 칼 라너다. 마레샬뿐 아니라 마르틴 하이데거(특히 하이데거의 초기 저술)의 영향도 받은 칼 라너는 그리스도교 신학의 주제들을 거의 전 범위에 걸쳐 저술해 왔다. 라너의 편집 작업 역시 방대하며 영향력도 크다. 그는 여러 해 동안 교회 문헌 모음집인 덴칭거(Denzinger)를 편집했다. 편집자로서 그는 또한 몇 가지 주요 신학 백과사전 및 사전을 출간했다. 이를테면 『신학과 교회 사전』(*Lexikon für Theologie und Kirche*), 『세상의 성사』(*Sacramentum mundi*), 『신학 사전』(*Dictionary of Theology*) 및 논쟁적 물음들을 다룬 중요한 총서인 『논의된 문제들』

York: Herder & Herder, 1970), 6:287.

11   Joseph Maréchal, *Le point de depart de la métaphysique*, 5 vols., 3rd ed. (Brussels: Museum Lessianum, 1944–49).

(*Quaestiones disputatae*)이 그렇다. 라너는 또한 국제 학술지인『콘
칠리움』(*Concilium*)을 창간하는 데도 영향을 미쳤다.

라너의 출발점

라너의 접근법에서 핵심은 인간이 인식과 자유를 경험하는 것
을 "절대적이며 무한한 초월성"에 대한 경험으로 분석한 점이다.[12]
이러한 경험은 인간 인격의 역사적 본성, 곧 역사 속에서 초월자를
향해 근본적으로 개방되어 있고 하느님으로 불리는 절대적 신비를
지향하는 본성을 형성하는 동시에 드러낸다. 라너의 관점에서 보
면, 이렇게 절대자를 향하는 근본 지향성은 단지 인간 본성을 이루
는 요소이기만 한 것이 아니라, 하느님께서 역사 속에서 인류에게
베푸신 충만한 자기전달과 현전에서 비롯된 것이다. 따라서 이러
한 자기전달은 하나의 역사이기도 하다. 곧 하느님이 구원을 위해
세상에 현전하시는 역사다.

라너의 방법

라너는 자신의 방법을 몇 가지 요점으로 개괄한다.[13] 첫째, 인간

---

12 Karl Rahner, "Reflections on Methodology in Theology," in *Theological
   Investigations* (New York: Crossroad, 1974), 11:94. 다음 글은 인류학에 대
   한 그리스도론적 해석이 라너의 비판자들이 라너에게 제기하는 토대론(foun-
   dationalism)이라는 비난을 피해갈 수 있다고 주장한다. Francis Schüssler
   Fiorenza, "Method in Theology," in *The Cambridge Companion to Karl
   Rahner*, ed. Mary E. Hines and Declan Marmion (New York: Cambridge
   University Press, 2005), 65-82.

인격은 인식 행위와 자유 행사를 통해 자기 자신을 초월한다. 개별 대상을 인식하는 행위나 어떤 행동을 하고자 하는 의욕 행위에는 무제한적 개방성의 차원이 있다. 인식과 의욕은 어떤 한 대상이나 행위에 국한되지 않으며 무제한적이다. 첫 번째 단계는 우리의 앎과 의욕이 무제한적임을 경험하는 것인데, 곧 '나'라는 주체가 초월적인 무한한 것을 향해 개방되어 있음을 경험하는 것이다. 우리의 앎과 의욕의 지평은 무제한적인데, 이러한 무제한성은 우리의 실존의 지평이 지닌 의미를 묻고 찾을 때 전면에 드러난다. 우리는 의미를 찾을 때 경험하는 대상 자체에서가 아니라 대상 너머에서 찾는다. 그리고 그 과정에서 이해할 수 없는 신비와 마주하게 된다.

둘째, 이러한 탐색 과정에서 우리는 자신이 철저히 유한하지만 동시에 무제한적 질문을 던지는 존재임을 경험한다. 우리는 실재를 이해할 수 없는 신비로 경험하지만, 동시에 인간 실존의 가장 높은 가능성이 성취되리라는 희망을 품는다. 우리는 궁극적으로 실재가 유의미하기를 희망한다. 우리는 유한하고 제한적인 존재지만, 절대적으로 충만한 의미가 있으리라는 희망을 안고 산다. 우리는 우리 존재의 절대적 신비가 절대적으로 신뢰할 수 있는 '당신'이기를 희망하고 신뢰한다.[14]

---

13 여기서 나는 라너의 저서 *Foundations of Christian Faith* (New York: Seabury, 1978[국역본: 『그리스도교 신앙 입문』, 분도출판사]), 208-12에서 그가 설명한 바를 따르는데, 이는 방법론에 관한 그의 논문과는 약간 다르다.

14 다음을 보라. Francis Schüssler Fiorenza, "The Experience of Trancendence

셋째, 라너는 역사적 실존과 주관적 인간 실존 사이의 통일성을 주장한다. 이 통일성은 하느님의 자기전달(계시)과 이에 대한 인간의 희망이 역사적으로 매개된다는 것을 의미한다. 계시와 희망이 구체적인 인간 역사 안에 함께 '나타난다.' 결과적으로, 역사적이고 우연적인 것이 무한하고 절대적인 분의 현전에 대한 희망을 알리고 일깨운다. 요컨대 의미를 바라는 인간의 희망은 인간 역사에 하느님이 현전하신 결과로 발생하는 역사적 희망이다. 라너의 해석에 따르면, 유한한 것 안에 무한한 것이 역사적으로 매개된다는 것은 하느님이 무엇보다도 역사적이고 우발적인 것 안에 현전하신다는 의미다. 인간의 유한성 및 죽음과 맞서는 약속이자 희망으로서 현전하신다는 의미다.[15]

넷째, 인간은 역사와 시간 안에 존재하므로, 최종적이며 되돌릴 수 없는 하느님의 자기약속을 역사 속에서 찾는다. 인간은 자신의 의미 탐구에 대한 답을 역사 속에서 찾는다. 인간은 무엇이 그 자체로 역사의 의미의 절대적 성취일 수 있을지 찾는다. 인간은 세계에 변경 불가능한 약속을 가져다주는 역사적 사건을 찾는다.

라너의 마지막 요점은 "절대적 구원자" 개념의 전개다. 하느님

---

or the Transcendence of Experience: Negiotiating the Difference," in *Religious Experience and Contemporary Theological Epistemology*, ed. Yves de Maeseneer and S. van den Bossche (Louvain: University Press, 2005), 183–218.

15　Rahner, *Foundations of Christian Faith*, 210.

은 세계에 되돌릴 수 없이 현전하시는데, 이 현전의 역사적 매개는 오직 자유로운 주체 안에서만 표현될 수 있다고 논증함으로써 라너는 절대적 구원자 개념을 해명한다. 오직 그러한 자유로운 주체만이 하느님 현전의 '모범'이 될 수 있다. 하느님의 현전이 자유롭게 제공되고 받아들여지기 위해서는 자유로운 인간 주체 안에서 이루어지고 받아들여져야 한다. 그러한 개인은 인간의 유한성을 받아들인다. 그리고 바로 그러한 자로서 하느님께 받아들여지고, 따라서 세상을 위한 모범적 의미를 지닌다.

아퀴나스와 라너 비교

토마스 아퀴나스의 『신학대전』과 칼 라너의 『그리스도교 신앙 입문』을 비교해 보면 신학의 전제와 방법론에서 중요한 변화가 있음을 알 수 있다. 토마스는 학생을 위한 안내서로 『신학대전』을 썼다. 라너는 신학에 입문하는 학생에게 그리스도교 신학과 신앙을 소개하기 위한 '기초 과정'(독일어 원제가 Grundkurs다[옮긴이 주: 영역본 제목은 "그리스도교 신앙의 기초들"이다])으로 책을 썼다. 이렇게 비교하는 것이 완전히 적절한 것은 아니다. 전자는 신학을 집대성한 대전이고, 후자는 기초신학 텍스트이기 때문이다. 그럼에도 두 신학자의 상이한 신학적 전제를 보여 준다는 점에서 유익하다.

라너는 인간 인격, 인간의 인식 행위와 의욕 행위, 의미를 향한 인간의 기본적인 실존적 탐색을 분석하며 논의를 시작한다. 서두의 장들은 의미에 대한 탐구와 절대적 신비에 대한 경험을 살피는데, 죄와 은총에 대한 경험과 결부하여 살핀다. 라너의 출발점은 인간학적인데, 그가 이러한 인간학적 분석에서 시작한다는 점뿐만 아니라 그리스도교 신앙의 기본 내용이 인간학적 물음과 연관되어 있다는 점에서도 그렇다. 하느님의 계시, 구원사, 그리스도론, 교회와 성사, 종말론은 모두 인간 본성에서 이것들이 차지하는 의미와 관련하여 해석된다.

토마스의 출발점과 구조는 신중심적이다. 토마스는 거룩한 교리의 본성에 관한 제1문제를 다룬 다음 하나이시며 삼위이신 하느님의 존재 및 본성을 논하는 것으로 『신학대전』 제1부를 시작한다. 이어서 하느님이 창조하신 것에 대해 논한다. 제2부는 인간의 본성과 덕을 다룬다. 제3부는 그리스도론, 성사, 종말론을 다룬다. 이러한 구조는 아리스토텔레스적 패턴과 신플라톤주의적 패턴을 따른 것으로 해석되어 왔다. 신스콜라주의적 토마스 해석은 이 세 부분이 아리스토텔레스의 원인성 범주에 들어 맞는다고 강조했다. 제1부는 작용인이신 하느님, 제2부는 목적인이신 하느님, 제3부는 만물의 모범인(exemplary cause)이신 하느님이다. 중세사 연구자들은 만물이 하느님께로부터 기원하여 하느님께로 돌아간다는 신플라톤주의적 패턴(exitus-reditus)이라고 지적했다.[16] 제1부는 유출(exitus)

---

16   M. D. Chenu, "Le plan de la somme théologique de S. Thomas," *Revue thom-*

이다. 하느님과 하느님께로부터 오는 창조물을 다룬다. 제2부는 회귀(reditus)다. 하느님께로 돌아감을 다룬다. 제3부는 이 회귀의 모델이자 수단을 다룬다. 『신학대전』의 구조에 대한 이러한 해석들은 이 저술이 신중심적 구조임을 잘 보여 준다.

『신앙 입문』과 『신학대전』의 차이는 인간학의 자리와 역할에서 가장 두드러진다. 토마스가 인간학을 『신학대전』 제2부에 배치한 반면, 라너는 『신앙 입문』의 서두에 배치한다. 라너에게 인간학은 신학적 성찰의 출발점이자 지속적인 참조점이다. 이 출발점은 궁극의 의미를 묻는 인간의 탐구다. 즉, 하느님에 관한 물음을 제기하고 그 답을 찾고자 역사를―구체적으로는 그리스도 안에서의 하느님의 계시를―살핀다. 신앙의 개별적 맥락은 모두 인간 실존의 구조와 연결되어 있고, 궁극의 의미를 향한 인간의 탐구와 연관되어 있다. 라너의 신학은 이런 식으로 인간중심주의와 신중심주의를 연관시키려 한다. 이 둘은 서로 대립하는 것이 아니라, 각각의 고유한 자리를 유지하면서 서로 맞물려 있다.

iste 45 (1939): 93-107. 구원사적인 구성이라고 제안하는 해석으로는 다음을 보라. Ulrich Horst, "Über die Frage einer heilsökonomischen Theologie bei Thomas von Aquin," *Münchener theologische Zeitschrift* 12 (1961): 97-111.

초월적 신학을 넘어서

주체로의 전환은 현대 신학의 중요한 흐름을 대표적으로 보여 준다. 그뿐만 아니라 신학의 내용과 주제를 인간의 주관성과 연관시키는 신학의 과제를 강조한다. 그럼에도 주체로의 전환에 대한 비판이 없는 것은 아니다. 특히 한스 우르스 폰 발타사르는 현대 신학의 인간학적 전환이, 그중에서도 칼 라너가 발전시킨 형태가 종교적 진리를 인간학적 관점으로 환원한다고, 그래서 다른 관점들이 공정하게 다루어지지 않았다고 주장한다. 폰 발타사르는 자신의 주요 조직적 저술을 3부작으로 전개했다. 제1부는 아름다움의 관점에서 계시에 접근하는 신학적 미학을 제시한다. 제2부는 계시를 드라마적 상호 작용으로 다룬다. 제3부는 계시를 개념과 말씀으로서 고찰한다. 세 부분의 음어(code words)는 다음과 같다. 신현(theo-phany) = 미학, 신행(theo-praxy) = 드라마 이론, 신학(theo-logy) = 논리.[17] 폰 발타사르는 발터 카스퍼와 요제프 라칭거가 각각 라너의 초월적 접근을 비판하는 데 영향을 미쳤다. 카스퍼의 신학적 접

---

17 칼 라너에 대한 비판으로는 다음을 보라. Hans Urs von Balthasar, *Cordula oder der Ernstfall*, 3rd ed. (Einsiedeln: Johannes Verlag, 1987). 발타사르 고유의 입장에 관한 입문으로는 다음을 보라. Medard Kehl and Werner Löser, eds., *The von Balthasar Reader* (New York: Crossroad, 1982). 발타사르 고유의 조직적 체계는 다음과 같이 여러 권으로 된 3부작에 전개되었다. *The Glory of the Lord*, 7 vols. (San Francisco: Ignatius, 1982-89); *Theo-Drama: Theological Dramatic Theory*: vols. 1-5 (San Francisco: Ignatius, 1988-98); and *Theo-Logic*, vols 1-3 and *Epilogue* (San Francisco: Ignatius, 2004-5).

근 방식은 역사를 신학에 조직적으로 통합하여 초월적 접근을 보완하려 한다. 이렇게 역사를 통합하는 방식은 19세기 튀빙엔학파의 전통에 빚진 것이다.[18]

초월적 방법에 대한 이러한 비판 외에도, 현대의 다른 신학적 접근법들은 인간 주관성의 역할을 재배치하는 다른 차원들을 신학의 과제에 포함시킨다는 점에서 초월적 방법을 넘어서려고 한다.[19] 현대 언어철학과 해석학 이론은 인간 주체가 언어 세계 안에, 문화적 의미의 전통 안에 존재한다는 점을 강조한다. 정치신학과 해방신학은 사회정치적 무대가 인간을 바라보는 더 넓은 맥락이라는 점을 강조한다. 이것들은 인간 인격의 형성과 존엄성에 있어 사회적·정치적인 것의 중요성을 강조한다. 초월적 접근과의 차이는 이러한 다른 접근법들을 분석하는 과정에서 더 명확해질 것이다.

---

18   Walter Kasper, *Jesus the Christ* (New York: Paulist, 1976); idem, *The God of Jesus Christ* (New York: Crossroad, 1984); idem, *Theology and Church* (New York: Crossroad, 1989).

19   Francis Schüssler Fiorenza, "Theology: Transcendental or Hermeneutical," *Horizons* 16 (1989): 329-41.

2. 해석학적 신학

해석학은 해석 이론을 다룬다.[20] 신학에 대한 모든 접근은 해석이 포함된다는 점에서 해석학이다. 그것이 성서에 대한 해석이든 신조, 전통, 경험에 대한 해석이든 마찬가지다. 일부 신학자는 더 나아가서 초월적 분석과 해석학 이론을 자신의 접근법 안에 결합하려고 한다. 그러나 최근의 해석학 이론은 언어가 인간의 주관성을 초월한다는 점을 강조하며, 신학에 대한 초월적 접근법과 해석학적 접근법 사이의 차이를 부각한다. 그러나 해석학 이론에서 해석학 적용 범위의 보편성과 언어의 초월성을 강조한다는 점은 해방신학과 정치신학은 물론 비판이론이 해석학 이론을 비판할 여지를

---

20   해석학의 역사에 관해서는 다음을 보라. Richard Palmer, *Hermeneutics* (Evanston, IL: Northwestern University Press, 1969[국역본: 『해석학이란 무엇인가』, 문예출판사]); Kurt Mueller-Vollmer, ed., *The Hermeneutic Reader* (New York: Crossroad, 1985).

제공한다.[21]

경험과 언어

해석학적 접근 방식과 초월적 접근 방식은 경험과 언어의 관계를 서로 다르게 해석하는 데서 중요한 차이가 생긴다. 초월적 신학은 정식화된 신조와 교리 진술의 밑바탕을 이루는 종교적 경험에 호소한다. 이러한 초월적 접근은 언어를 표현으로 본다. 즉, 정식화된 교리 진술은 기본적인 종교 경험을 표현하는 명제적 진술이다. 20세기로 접어들 무렵, 근대주의 신학자들은 종교적 경험이 종교 교리보다 훨씬 더 근본적이라고 보았다. 왜냐하면 교리를 그저 종교적 경험을 언어로 표현한 것으로 간주했기 때문이다. 따라서 그들은 정식화된 교리 진술이 다른 등가 진술로 대체될 수 있다고 보았다.

해석학 이론은 다음과 같은 이유로 이러한 견해를 비판한다. 언어와 교리를 표현으로 보는 이러한 관점은 언어가 경험을 표현할 뿐만 아니라 경험을 구성하기도 한다는 점을 간과한다. 종교 언어는 종교적 경험을 표현할 뿐만 아니라 구성하는 기능도 있다. 따라

---

21 다음 책에서 해석학적 이상주의에 대한 위르겐 하버마스의 비판을 보라. Justus George Lawler and Francis Fiorenza, eds., *Cultural Hermeneutics* (entire issue of *Continuum* [1970]: 7).

서 어떤 해석학 이론가들은 종교를 단지 표현적 현상이 아니라 문화-언어적 현상으로 이해해야 한다고 주장한다.[22] 또 다른 해석학 이론가들은 언어에 대한 문화-언어적 관점이 기본적으로 초월적 철학을 포함하면서도 넘어서는 발전이라고 본다.[23] 언어와 경험의 관계에 대한 해석학적 관점은 신학 성찰에 상당한 영향을 미쳐 왔다. 이 점에서 철학자 한스게오르크 가다머와 폴 리쾨르가 특히 영향을 미쳤다.

고전: 전통의 권위

가다머의 핵심 주장은 다음과 같다. "이해는 주관적 행위라기보다, 전통이라는 사건에 참여하는 것, 곧 과거와 현재가 끊임없이 매개되는 전승 과정에 참여하는 것으로 생각되어야 한다."[24] 가다머는 몇 가지 핵심 개념을 사용하여 이해를 전통에 참여하는 것으로 보

---

22 이는 조지 린드벡이 다음 책에서 주장한 중요한 주장이다. George Lindbeck, *The Nature of Doctrine*, 2nd ed. (Philadelphia: Westminster, 2009[국역본: 『교리의 본성』, 도서출판 100]). 칼 라너와 데이비드 트레이시에 대한 린드벡의 비판은 그들의 신학에서 해석학적 성찰의 역할을 축소하는 경향이 있다.

23 Charles Taylor, *Human Agency and Language: Philosophical Papers* (New York: Cambridge University Press, 1985), 1:213-92.

24 Hans-Georg Gadamer, *Truth and Method*, rev. ed. (New York: Crossroad, 1989[국역본: 『진리와 방법』 1-2, 문학동네]), 290.

는 발상을 해명한다. 고전 개념은 가다머 해석학의 핵심이다. 고전은 인간의 이해를 보여 주는 탁월한 전형이라는 점에서 중요하다. 또한 고전은 우리의 지평에 영향을 미치고 우리의 자기이해를 규정하는 만큼 "영향사"를 갖는다. 가다머는 전통에 대한 계몽주의적 편견에 반대하며, 고전을 중시하는 "선판단"을 주장한다. 고전이 역사를 거치며 지속된다는 사실은 고전의 가치와 중요성을 입증한다. 고전은 어떤 권위와 요구를 담아 우리에게 다가온다.

고전 해석은 "지평 융합" 개념을 통해 더 상세히 설명된다. 이해는 자신의 지평에서 벗어나 다른 사람의 입장에 서는 데서 일어나는 것이 아니라, 오히려 자신의 지평을 텍스트 및 저자의 지평과 융합하는 데서 일어난다. 고전이 자신의 현재 상황에 요구하는 바를 승인하는 식으로 고전을 해석할 때 "지평 융합"이 이루어진다.[25]

폴 리쾨르는 은유 및 이야기 구조의 의의를 해명하고 설명의 양상과 이해의 양상을 서로 관련짓는 일이 중요함을 강조했고, 이로써 가다머 해석학을 부분적으로 수정하고 더 발전시켰다.[26] 리쾨르

---

[25] Ibid., 369-79. 가다머에 대한 좋은 설명으로는 다음 두 책을 보라. Joel C. Weishammer, *Gadamer's Hermeneutics: A Reading of Truth and Method* (New Haven: Yale University Press, 1986); Georgia Warnke, *Gadamer: Hermeneutics, Tradition and Reason* (Stanford: Stanford University Press, 1987).

[26] Paul Ricoeur, *The Rule of Metaphor: Multidisciplinary Studies of the Creation of Meaning in Language* (Toronto: University of Toronto Press, 1977); idem, *Time and Narrative*, 3 vols. (Chicago: University of Chicago Press, 1984-88[국역본: 『시간과 이야기』 1-3, 문학과 지성사). 또한 다음을 보

는 은유를 유사성의 측면에서 규정한 아리스토텔레스의 정의[27]를 논하면서, 은유가 단지 이미지와 관념 사이에 이미 존재하는 유사성을 더 잘 설명하는 데 그치지 않는다고 제안한다. 오히려 은유의 결과로 유사성이 산출된다. 전에는 서로 유사하지 않았던 의미가 서로 결합되는 것이다. 그 결과로 발생하는 "의미론적 충격"이 새로운 의미를 창출한다. 따라서 은유는 대립하는 의미를 한데 묶음으로써 새로운 의미를 구축한다. 리쾨르는 자신의 분석을 문장 안에서의 은유 사용에서 전체 텍스트의 이야기 구조로 확장한다. 이야기 플롯 짜기(emplotment)는 플롯, 등장인물, 상황, 에피소드, 사건을 결합하여 새로운 의미를 형성한다.

폴 리쾨르는 '설명'을 '이해'에 상보적인 요소로 도입하여 가다머의 해석학을 수정한다. 해석학에서의 '이해'는 선이해 및 삶의 관계(life-relation)가 텍스트의 사태를 마주할 때 수행하는 역할을 고려하는 데 초점을 둔다. 그러나 '설명'의 방법도 있다―예컨대 역사비평적, 사회비평적, 문학비평적 분석도 있고, 특히 리쾨르에게는 문장과 텍스트에 대한 구조주의적이 분석이 있다. 텍스트의 사태를 온전히 해석하려면 우리의 선이해 및 삶의 관계에 주목해야 할 뿐만 아니라, 구조적 분석과 분석적 고찰도 필요하다.

데이비드 트레이시는 가다머와 리쾨르의 해석학 이론을 활용하

라. Josiah Thompson, *Hermeneutics and the Human Sciences* (New York: Cambridge University Press, 1981).

27 아리스토텔레스, 『시학』 1459a.4-8.

여 종교 고전과 그리스도교 고전의 본성을 탐구한다. 또한 그는 조직신학을 주로 해석학적인 것으로 규정하고, 그리스도교 조직신학의 과제는 그리스도교 고전의 의미와 진리 주장을 해석으로 다시 살려내는 것이라고 제안한다.[28] 데이비드 트레이시는 조직신학이 해석학적이라는 자신의 구상을 해명하면서, 전통에 참여로서의 이해라는 가다머의 개념을 받아들인다. 그러나 그는 가다머에 대한 리쾨르의 수정을 수용하고, 리쾨르의 몇몇 범주를 전유한다. 그래서 트레이시는 이해라는 해석의 양상과 상보적인 설명의 양상, 곧 역사비평적, 문학비평적, 사회비평적 분석이 중요함을 강조한다.

해석학을 넘어서

해석학적 신학의 발전은 몇 가지 위기의 등장과 맞물려 있다. 이 위기들은 전통과 신학의 원천에 관한 우리의 이해에도 영향을 미쳤고, 현재의 경험에 대한 이해에도 영향을 미친다. 첫 번째 위기는 전통의 의미, 의의와 관련된다. 해석학의 중요성은 종교 전통의 의미, 의의, 타당성이 현재와 멀어져서 불분명해지는 것과 비례하여 커진다. 전통적인 신학 원천의 의미와 권위가 더 멀어져서 불분

---

28 David Tracy, *The Analogical Imagination* (New York: Crossroad, 1981), 99-153; idem, *Plurality and Ambiguity: Hermeneutics, Religion, Hope* (New York: Harper & Row, 1987).

명해질수록 그 의미와 의의를 해명하기 위해 해석하는 일이 더욱 필요해진다.[29] 과거와 현재의 역사적, 문화적, 사회적 거리가 벌어져서 과거가 더 불분명해지거나, 무관해지거나, 답답해지는 만큼 과거 전통을 해석할 필요성이 증대된다.

두 번째 위기는 개인적 경험에 영향을 미친다. 개인적 경험이 더 이상 투명한 것으로 여겨지지 않는 만큼 경험을 해석할 필요가 커진다. 오늘날에는 인간의 의도와 행위를 심리학적, 사회학적, 행동주의적으로 해석하곤 한다. 인간 행위의 의미는 더 이상 그 행위에 대한 행위자 본인의 해석과 단순하게 동일시되지 않는다. 그 결과 인간 행위에 대한 해석의 갈등이 발생한다. 한편으로는 의식적 의도, 명시적 동기, 자기해석에 기반하여 해석하고, 다른 한편으로는 성찰하지 않은 원인들, 사회적 요인, 숨은 이유에 기반하여 해석한다. 경험과 행위의 의미가 더 이상 명백하고 자명한 것으로 전제되지 않는 한, 경험과 행위에 대한 해석이 필수가 된다.

이 두 가지 위기는 세 번째 위기, 곧 해석학 자체의 위기로 이어진다. 해석학만으로는 앞의 두 위기를 해결하기에 충분하지 않을 때 나타나는 위기다.[30] 이는 전통의 의미와 의의를 적용하는 것만 문제가 아닐 때, 전통 자체에 근본적으로 이의가 제기되거나 전통

---

29   다음을 보라. Odo Marquard, *Farewell to Matters of Principle* (New York: Oxford University Press, 1989).

30   Claude Geffré, *The Risk of Interpretation: On Being Faithful to the Christian Tradition in a Non-Christian Age* (New York: Paulist, 1987), 21-45.

내부의 갈등이 쉽게 조화될 수 없을 때 발생한다. 또한 경험 자체에 이의가 제기될 때도 발생한다. 이때 문제는 경험 자체를 어떻게 해석할지가 아니다. 경험 자체가 적당한지가 문제다. 클로드 제프레의 말을 빌리자면, "해석학의 위기는 단순히 언어의 위기가 아니다. 사유의 위기다."[31] 따라서 해석을 넘어서 전통이나 경험의 재구성이 필요할 때다. 쟁점은 전통이나 경험의 의미만이 아니라, 그것의 진리다. 요제프 라칭거 추기경이 지적하듯이 "그리스도교 신학은 단지 텍스트를 해석하기만 하지 않고 진리 자체에 관해 묻는다."[32]

[31] Ibid., 32.

[32] Joseph Ratzinger, *Church, Ecumenism and Politics* (New York: Crossroad, 1988), 154.

3. 신학에 대한 분석적 접근법

어떤 접근법들은 신학 과업을 수행하고 신학 쟁점을 명료하게 하는 데 유용한 분석 도구를 제공한다는 점에서 분석적이다. 현대 로마 가톨릭에서는 분석적 접근법 중 두 가지가 특히 큰 영향을 발휘해 왔다. 이런 접근법은 (1) 일반 방법론과 신학 방법론을 위한 메타이론, 특히 인식론의 중요성을 부각하거나 (2) 신학 성찰에서 모델과 패러다임이 (대개 암묵적으로) 수행하는 중요한 역할을 강조한다.

메타이론: 신학 방법론

버나드 로너간은 인식론적 기본 물음을 다루는 것이 신학에 중요하다는 점을 보여 줌으로써 현대 로마 가톨릭 신학에 기여했다. 바로 다음과 같은 물음이다. 인간 지식의 본성은 무엇인가? 인간 인식의 기본 절차는 무엇인가? 로너간은 이런 물음들이 구체적인 신학 논쟁보다 훨씬 더 기본적이고, 심지어 특정한 방법론적 쟁점보다도 근본적이라고 주장한다. 왜냐하면 대개 검토되지 않은 채 남아 있는 암묵적인 인식론적 전제들이 신학 논쟁과 방법론적 쟁점의 결과를 좌우하기 때문이다. 이러한 인식론적 전제들은 비단 신학뿐만 아니라 모든 형태의 탐구와 학문의 토대를 이루기 때문에 검토되어야 한다.

로너간은 이런 기본 물음과 전제를 검토해 왔다. 그는 인간 인식에 관한 '메타이론'을 개발했고, 그것이 신학 방법과 관련됨을 입증했다. 그의 인간 인식 분석은 메타이론으로서 내용이 고도로 추상적이다. 그것은 구체적인 신학 논쟁에서 흔히 전제되어 있지만 명시적으로 해명되지 않은 인식의 구조와 절차를 분석한다. 로너간은 인식론적 메타이론의 쟁점을 검토함으로써 구체적인 신학 쟁점들을 더 일반적이고 고전적이며 항구적인 철학 논쟁들(예컨대 관념론 대 유물론, 주관주의 대 객관주의)과 연결시켰다. 그는 종종 철학적 해법을 참조하여 신학 문제를 해결한다. 그는 관념론과 유물론에 맞서 비판적 실재론을 옹호하는 자신의 철학적 입장이 인식론뿐만 아니라 구체적인 신학 쟁점에도 중요하다는 것을 보여 준다.[33]

---

[33] 예를 들어 로너간은 인식론적 쟁점을 그리스도론과 연관시킨다. 그가 쓴 다음 책을 보라. *The Way to Nicea: The Dialectical Development of Trinitarian Theology* (Philadelphia: Westminster, 1976). 삼위일체 신학의 발전이 인식론

로너간은 과학적 방법에 대한 고전적 아리스토텔레스의 이해에서 근대의 경험적 방법으로 이행하는 것과 관련지어 비판적 실재론에 관한 자신의 이해를 발전시킨다.[34] 그는 모든 과학 방법의 결과가 추가적인 수정과 개정에 열려 있다고 단언한다. 따라서 진정한 객관성은 그저 보는 그대로를 지식으로 간주하는 소박실재론이 아님을 강조한다. 객관적 지식은 단지 수동적 지각이 아니다. 객관적 지식은 인식 주체의 주관성이 의미 세계에 능동적으로 질서를 부여하는 비판적 실재론을 수반한다. 이러한 인간 주관성의 능동적 활동이 신학 방법에서 고려되어야 한다. 신학에 대한 로너간의 설명은 이를 두 가지 방식으로 수행한다. 즉, (1) 인간 인식의 구조를 해명함으로써, 그리고 (2) 주관성의 지평과 인식 구조의 관계를 펼쳐 보임으로써 신학 방법에서 인간 주관성의 활동을 고찰한다.

인식 구조와 신학 방법

로너간은 인식이 사중적 구조를 수반한다고 주장한다. 먼저 자료를 경험하고, 그 의미를 이해하며, 그 가치를 평가하고, 마지막

과 관련하여 스케치된다. 테르툴리아누스는 유물론적 접근, 오리게네스는 관념론적 접근, 아타나시우스는 비판적 실재론적 접근을 각각 대표한다.

34 다음을 보라. Bernard Lonergan, *Insight* (New York: Philosophical Library, 1957); idem, *A Third Collection* (Philadelphia: Westminster, 1985); 또한 다음의 해설을 보라. Vernon Gregson, *The Desires of the Human Heart* (New York: Paulist, 1989).

으로 평가적 결정을 내린다. 이러한 인식 패턴은 모든 인식 활동에서 일어나므로, 그 구조는 철학이나 신학뿐만 아니라 모든 학문과 과학과 관련된다. 로너간은 신학 방법과의 관련성을 설명하기 위해, 신학의 방법과 과업이 경험에서 이해로, 이해에서 판단으로, 그리고 마침내 결정으로 이어지는 인간 인식의 보다 기본적이고 불변하는 구조에 뿌리를 두고 있다고 제안한다.

이 구조는 신학의 다양한 과업을 다양한 기능적 전문 분야로 분류하기 위한 기반을 제공한다. 로너간은 인식의 사중 구조를 각기 상응하는 지향 대상 및 신학의 전문 분야와 연관하여 신학 과업을 두 단계로 나눈다. 신학의 첫 번째 단계는 인식의 사중 구조에 상응한다. 그것은 조사(자료 수집), 해석(의미 이해), 역사(함축된 주장과 자료에 대한 판단), 변증(쟁점을 명확히 하여 결정을 내리거나 입장을 취함)이다. 이 네 가지 절차는 모두 인간의 지식 구조를 형성한다는 점에서 초월적이다. 모든 사람(신자, 비신자, 과학자, 철학자)은 동일한 기본 절차를 따른다. 로너간에 따르면, 만일 누군가 이러한 인식 도식을 비판하려 한다면 그 사람은 그 비판 과정에서 이 도식의 타당성을 입증하는 셈이 된다. 왜냐하면 비판을 위해서 자료를 수집하고 해석하고 평가한 다음 마침내 결정을 내려야 하기 때문이다.

신학 과업의 두 번째 단계는 결정을 내리고 입장을 취하고 나서 시작된다. 이 단계는 신학자의 주관적 지평을 포함하며, 이 단계에는 기초신학, 교의신학, 조직신학, 소통이 포함된다. 이 단계도 인식 구조를 따르지만 역순으로 따른다. 즉, 결정의 토대(토대신학

[foundational theology])에서 출발하여 진리에 대한 판단(교리신학)으로, 이해(조직신학)로, 그리고 마지막으로 경험(소통—실천신학)으로 나아간다.

회심과 신학적 방법

신학 과업의 두 번째 단계에서 매우 중요한 것은 결정이 수행하는 기초적 역할인데, 이는 '회심'이라는 범주로 설명된다.[35] 회심 개념은 신학의 구성적 과업에서 인식하고 믿는 주체의 지향성이 중요함을 드러낸다. 또한 회심에 대한 로너간의 구체적인 설명은 그의 논의를 메타이론의 영역에서 초월적 신학으로 확장한다. 로너간은 회심에 대한 분석을 통해 인식하고 믿는 주체의 지향성을 신학 방법에 통합한다. 그는 회심의 지향성을 지적, 도덕적, 종교적 차원으로 설명한다.

지적 회심은 안다는 것이 단순히 자료를 유심히 살피거나 개념을 형성하는 것과 같지 않다고 결정하는 일을 포함한다. 앎이란 본래 증거, 이성, 포괄적 관점에 대해 지속적으로 묻는 복합적이고 반성적인 인간 활동을 수반하므로, 지적 회심은 결단과 자기초월의 운동을 수반한다.

---

[35] 로너간 회심 개념의 발전 및 동시대 학자들의 설명으로는 다음을 보라. Walter Conn, *Conscience: Development and Self-Transcendence* (Birmingham, AL: Religious Education Press, 1981); Stephen Happel and James J. Walter, *Conversion and Discipleship: A Christian Foundation for Ethics and Doctrine* (Philadelphia: Fortress Press, 1986).

도덕적 회심은 도덕적 결정의 기준을 만족에서 가치로 바꾼다.[36] 도덕적 회심에는 가치가 만족과 상충할 때도 자신이 진정으로 가치 있고 선하다고 판단한 것을 선택하는 일이 포함된다. 이런 가치 판단은 실재에 대한 지식과 가치를 지향하는 응답으로 이루어진다. 따라서 도덕적 회심은 지적 회심을 전제한다. 또한 가치가 만족보다 우위에 자리하는 만큼, 도덕적 회심은 자기초월의 한 형태이며 인지적, 도덕적, 정서적 발달과 연관될 수 있다.[37]

종교적 회심은 지적 회심 및 도덕적 회심과 마찬가지로 자기초월을 수반한다. 그러나 종교적 회심은 궁극의 의미와 가치로의 전환을 수반하는 자기초월로 이루어지기 때문에, 지적·도덕적 회심의 자기초월을 넘어선다. 로너간은 종교적 회심을 "궁극적 관심에 사로잡힘", "이 세상을 넘어선 사랑에 빠짐", "무제한적 사랑"이라는 용어로 특징짓는다.[38] 종교적 회심은 단순히 종교인이 되는 문제가 아니다. 자기 삶 전체가 재지향하는 문제다.

로너간의 종합에 대해 비판이 없지 않았다. 랭던 길키는 로너간을 슐라이어마허와 비견하면서, 회심에 기초적 역할을 부여할 때 신학 과업의 공적 차원이 약해지고 로너간의 방법론이 주관주의라

36　Lonergan, *Method in Theology* (New York: Crossroad, 1972[국역본: 『신학 방법』, 가톨릭출판사]), 241.

37　로너간의 회심 이해와 도덕적·심리적 발달 이론과의 관계에 대해서는 다음을 보라. Walter Conn, *Christian Conversion: A Developmental Interpretation of Autonomy and Surrender* (Mahwah, NJ: Paulist, 1986).

38　Ibid., 241-44.

고 비난받을 수 있게 된다고 주장했다.[39] 이러한 비판이 제기한 문제 자체는 중요하다. 하지만 이는 모든 경험에 해석학적 차원이 있음을 간과한 것이기도 하다. 이해는 이해해야 할 주제와의 삶의 관계를 전제한다. 따라서 종교적 지식과 종교 텍스트에 대한 해석은 주제와의 삶의 관계를 전제한다. 종교 해석은 이중 해석학을 수반한다. 왜냐하면 종교 해석자가 종교적 사건, 행위, 상징을 이해하거나 설명하기 위해 사용하는 모델이나 범주도 해석의 바탕이 되지만, 종교 행위자 본인이 종교 사건, 행위, 상징에 부여한 의미도 해석의 바탕이 되기 때문이다.[40] 로너간의 회심 개념은 그의 비판적 실재론과 결합하여, 이러한 비판을 무력화하는 방식으로 객관성과 주관성 사이의 긴장을 균형 있게 유지하고자 한다.

덧붙여 제기될 수 있는 비판적 문제가 있다. 철학사나 신학사의 주요 저자들(이를테면 철학사는 흄, 칸트, 헤겔, 신학사는 테르툴리아누스, 오리게네스, 아타나시우스)과 주요 입장이 추상적인 인식론적 범주로 환원될 수 있는가 하는 문제다. 로너간이 자주 사용했던 유물론적

---

39 다음을 보라. Langdon Gilkey, "Empirical Science and Theological Knowing," in *Foundations of Theology*, ed. Philip McShane (Notre Dame, IN: University of Notre Dame Press, 1972), 76-101. 같은 책에서 데이비드 트레이시도 비슷한 비판을 제기한다. 다음을 보라. "Lonergan's Foundational Theology: An Interpretation and a Critique," 197-222.

40 경험의 해석학적 차원에 관한 논증과 이중 해석학에 관한 논증으로는 다음을 보라. Fiorenza, *Foundational Theology*, 285-301. 이중 해석학은 공적인 또는 공통적인 중립적 경험에 호소할 때 경험의 본성을 간과하고 있음을, 곧 모든 경험이 본성상 조건적이라는 점을 간과하고 있음을 보여 주고자 한다.

경험론, 관념론, 비판적 실재론과 같은 범주로 말이다. 그럼에도 로너간은 대단히 값진 공헌을 했다. 그는 자신의 인식론적 메타이론을 구체적인 역사적 신학 논쟁에 적용함으로써, 구체적인 신학적 입장에서 인식론의 역할이 중요하다는 점을 부각했다.

모델과 범주 분석

모델이라는 용어는 다양한 학문 분야에서 널리 사용하게 되었다. 자연 과학에서 모델은 어떤 현상의 기본 속성 일부와 그 속성들의 상호 연관성을 설명하기 위해 현상을 대표하는 방식이다.[41] 모델은 어떤 특징은 부각하는 반면 다른 특징은 도외시한다. 그러면서 특정한 관점에서 바라본 현상의 구체적인 모습을 그려 내는 개념들을 배열한다. 조직신학에서도 이와 유사한 방식으로 모델을 사용하는 일이 통용되기 시작했다. 이는 신학적 범주들에 관점적 성격이 있음을 드러낸다.

에이버리 덜레스와 신학에서의 모델

에이버리 덜레스는 북미에서 활동하는 현대 로마 가톨릭 신학자 중 대표적 인물이다. 그는 신학에서 꾸준히 모델을 활용해 왔

---

41   Marx W. Wartofsky, *Models: Representation and the Scientific Understanding* (Boston: Reidel, 1979).

다. 그는 계시, 에큐메니컬 운동, 그리스도론, 가톨릭주의를 이해하기 위한 모델을 사용했다. 그가 모델을 적용한 것 중 가장 영향력 있는 것은 교회 이해와 관련된다.[42] 덜레스는 『교회의 모델』에서 다양한 교회론이 서로 교회를 다르게 이해할 뿐만 아니라, 그 차이가 부분적으로는 교회에 대한 서로 다른 모델을 사용한 데서 비롯된다고 주장한다. 그는 제도, 신비적 친교, 성사, 선포, 봉사를 현대 신학에서 널리 통용되는 상이한 모델로 파악한다. 그리고 후속 저술에서는 또 하나의 포괄적 모델로 제자도 모델을 추가했다.[43]

이 방법이 중요한 까닭은(그리고 덜레스의 책이 영향력을 갖는 까닭은 부분적으로) 다양한 신학적 신념을 지닌 로마 가톨릭 신학자들이 서로를 이해하고 협력적인 대화에 참여할 수 있게 해 주었기 때문이다. 제도 모델 기반의 교회관을 지닌 신학자와 사목자들은 친교 모델에 기반한 교회관에 영향받은 신학자와 사목자의 지평을 이해하지 못했다. 모델이 다양하다는 점을 자각하면, 각 관점이 교회에 의미 있고 필수적인 차원을 특정한 방식으로 파악하고 있다는 점을 생각하게 된다. 그리고 다른 관점도 똑같이 타당성을 지닌다는 점을 보게 된다. 제2차 바티칸 공의회 이후 다양한 교회론이 이론에서도 실천에서도 자주 충돌했던 시대에, 이러한 접근법은 다양한 입장을 인정하고 수용하는 데 크게 기여했다.

---

42   Avery Dulles, *Models of the Church* (New York: Doubleday, 1974[국역본: 『교회의 모델』, 한국기독교연구소).

43   Avery Dulles, *A Church to Believe In* (New York: Crossroad, 1982).

계시에 관한 연구에서 에이버스 덜레스는 서로 다른 계시 신학을 해석하기 위해 다음과 같은 다양한 모델을 제안했다. 곧 교리, 역사, 내적 경험, 변증법적 현전, 새로운 자각이라는 모델이다.[44] 그는 계시를 상징적인 것으로 이해할 때 이러한 각 모델의 관점을 가장 잘 통합할 수 있다고 제안한다. 게다가 이러한 다양한 계시 모델은 신학 방법에 대한 다양한 구상뿐만 아니라 에큐메니즘에도 종종 영향을 미치고, 또한 그 밑바탕을 이루기도 한다.

범주 분석

현대 신학에서는 암묵적 인식론과 모델을 분석할 뿐만 아니라, 신학 내에서 사용하는 다양한 범주 사용에 대해서도 세심하게 주의를 기울인다. 신학적 확언들의 기저에 있는 범주들의 의미와 다양성에 대해 점점 더 인식하고 있다. 신앙교리성성은 그리스도교 교리의 역사성을 다루는 문서인 『교회의 신비』(*Mysterium ecclesiae*)에서 이 문제를 다룬 바 있다.[45] 이 문서는 몇 가지 점을 확언했다. 즉, (1) 모든 교리적 확언의 불완전성 (2) 특정 물음에 대한 답변이라는 점에서 교리적 확언들의 맥락성 (3) 모든 교리의 언어성 (4) 특정한 교리적 정식 문구가 확언하는 진리와 그 진리를 표현하는

---

44   Avery Dulles, *Models of Revelation* (New York: Doubleday, 1983).

45   공인 영역본은 다음과 같다. "In Defense of Catholic Doctrine," *Origins* 32 (July 19, 1973): 97, 99-100, 110-23. 라칭거의 다음 해설을 보라. *Principles of Catholic Theology*, 228-30.

데 사용한 철학적 범주·세계관의 구분성을 확언했다.

한스 큉의 교황 무류성 비판[46]에 대한 응답으로 작성된『교회의 신비』는 교리 진술이 역사적으로, 언어적으로 조건 지어져 있음에도 불구하고 여전히 진리에 대한 결정적인 확언이라고 주장한다. 즉, 교리 진술이 단지 진리에 가까울 뿐만 아니라, 역사적·상황적·언어적·범주적으로 특정한 방식을 취하고 있더라도 진리의 어떤 결정적 측면을 표현한다고 주장한다. 교리 진술을 이루는 표현·범주의 역사성을 이렇게 확언하면, 교리 진술의 내용을 이해하고 평가하는 일뿐만 아니라 신학 방법의 핵심 범주를 다루는 데 있어서도 중대한 숙제가 발생한다.

전통 교리들은 특정 철학 전통에서 차용한 범주로 정식화되었다. 오늘날에는 그러한 범주가 적합한지 자주 의문시되고 이의가 제기된다. '실체 변화'(transubstantiation)와 '의미 변화'(transignifica-tion) 중 어느 쪽이 성찬에 대한 로마 가톨릭 신앙을 더 잘 표현하는가? '두 본성 한 위격'이라는 정식 문구는 전통적인 그리스도론 교의들이 확언하는 바를 나타내기에 충분한가? '위격적 연합'이라는 개념으로 표현된 실상을 '위격적 동일시'(hypostatic identification) 개념이 더 잘 진술하는가? 성사의 효력은 아리스토텔레스의 원인성 범주들로 표현되어야 하는가, 아니면 만남의 현상학에서 도출한 범주들로 표현되어야 하는가? 이처럼 신학 내에서 새로운 범주

46　　Hans Küng, *Infallible: An Inquiry* (New York: Doubleday, 1971).

나 정식화가 전통적인 것보다 더 적합한지, 혹은 덜 적합한지를 두고 논쟁이 일어난다. 신학 논쟁의 기저에 있는 철학적 논쟁은 그만큼 복잡하다. 내용과 범주의 구분, 혹은 내용과 개념적 도식 사이의 구분은 옹호되기도 하고 이의가 제기되기도 한다.[47]

기본 범주의 분석은 교리 정식화에 대한 이해뿐만 아니라 신학 방법에 대한 이해에도 중요하다. 현대 신학의 상당 부분은 기본 범주에서 일어난 특정한 전환을 고려하지 않고는 이해할 수 없다. 마르틴 하이데거가 로마 가톨릭 신학에 미친 결과가 그러한 전환의 사례다. 『존재와 시간』에서 하이데거는 그리스 철학에서 데카르트에 이르기까지 사용된 존재론적 범주들이 세계 안에 있는 인간 실존의 시간성, 역사성, 현사실성을 기술하기에 부적절하다고 주장했다. 따라서 하이데거는 인간 실존을 그 시간성에 비추어 분석한 데서 도출한 범주들로 이러한 범주들을 대체하려고 했다.[48] 하이데거가 '실존적'이라고 부른 그 범주들은 인간 존재에게 특유한 것, 곧 죽음을 향하는 존재, 마음씀, 자기해석을 특징짓는다.[49] 라너의 신학 중 상당 부분은 그가 전통적인 스콜라 범주를 넘어 하이데거의 '실존' 사상을 전유했다는 점을 알아야 제대로 이해될 수 있다.

---

47   도널드 데이비슨의 고전적 논문, 곧 이제 그의 논문집 *Inquiries into Truth and Interpretation* (Oxford: Clarendon, 1984[국역본: 『진리와 해석에 관한 탐구』, 나남), 183-98에 실린 "개념적 도식이라는 바로 그 생각에 대하여"(On the Very Idea of a Conceptual Scheme)를 보라.

48   Heidegger, *Being and Time*, 41-49.

49   Ibid., division 2, 277-487.

로너간의 경유도 비슷하다. 그는 "능력 심리학(faculty psychology)에서 지향성 분석으로" 전환했고, 따라서 "조직신학의 기본 용어들과 조직신학의 관계들이 중세 신학처럼 형이상학적이지 않고 심리학적일 것"이다.[50] 다른 신학자(에드바르트 스힐레벡스, 피트 스호넨베르흐, 찰스 커런)나 신학 운동(예: 해방신학)에서도 유사한 사례를 찾을 수 있다. 결론적으로 현대 신학은 신학적 확언에 사용된 기본 범주들에 대해 메타이론적 성찰을 수행할 필요가 있다.

메타이론을 넘어서

모든 메타이론을 고찰할 때 중요한 점은 그것이 인식론적 이론이든 모델이나 범주 분석이든 그 자체로는 신학 방법이 아니라는 점이다. 신학과 신학 방법에 아무리 유용하더라도 말이다. 칼 라너가 이 점을 강력하게 제기했다. 라너는 신학에서 기능적 전문 분야라는 로너간의 개념에 대한 논평에서, 로너간의 방법론이 충분하고도 명확한 의미에서 신학적인지 의문을 제기한다.[51] 라너의 견해에

50　Lonergan, *Method in Theology*, 343.

51　"내가 볼 때 로너간의 신학 방법론은 **너무 일반적이어서 사실상 모든 학문에 들어맞는 것 같다.** 그래서 신학 자체의 방법론이라기보다는 신학에서 취한 예를 가지고 설명한 학문 전반에 관한 매우 일반적인 방법론에 불과한 것 같다." Karl Rahner, "Some Critical Thoughts on 'Functional Specialties in Theology,'" in McShane, *Foundations of Theology*, 194.

따르면, 로너간은 신학 방법을 개발했다기보다는, 우주 기원에 대한 단서를 찾으려고 하늘을 탐구하는 것에서부터 케이크 만드는 법에 관한 자료를 찾으려고 요리책을 탐구하는 것에 이르기까지 인간의 모든 탐구 행위에 수반되는 인식 구조를 기술했을 뿐이다. 로너간의 책 제목 자체가 이 사실을 보여 준다. 책 제목이 '신학적 방법'(theological method)이 아니라 "신학 속 방법"(*Method in Theology*)이다.[52] 신학에서 모델을 사용하는 것에 대해서도 비슷한 비판을 제기할 수 있다. 모델은 유용한 분석을 제공하지만, 신학적 성찰은 각 모델의 장단점을 분석하는 데 머물러서는 안 되며, 신학의 구성적이고 조직적인 과업을 수행해야 한다. 이런 점에서 볼 때, 이어서 다룰 상관관계 방법을 사용하는 접근법은 신학 방법에 대해 더 포괄적인 시각을 제공한다.

[52] Lonergan, *Method in Theology*.

4. 상관관계 방법

상관관계 방법은 19세기에 명시적인 신학 방법으로 등장했다. 20세기에 들어서는 특히 폴 틸리히의 영향으로 인해 널리 받아들여졌다. 주요 로마 가톨릭 신학자 다수는 상관관계 방법을 어느 정도 변형된 형태로 받아들였다. 폴 틸리히가 상관관계 방법을 사용한 방식을 개략적으로 살펴보면, 현대 로마 가톨릭 신학에서 그것이 사용되는 방식의 배경을 알 수 있다.

배경

상관관계 방법은 19세기 중엽 독일 개신교 신학에서 슐라이어마허에 대한 반응으로 일어난 '중재신학'(Vermittlungs-theologie)에 그 기원을 둔다.[53] 이 신학 운동은 전통적으로 성서를 신학의 출발점으로 삼는 입장과 종교 경험을 출발점으로 삼는 슐라이어마허의 입장을 중재하고자 했다. 이 운동은 과학과 신앙, 성서와 이성을 중재/매개하는 수단으로서 상관관계 방법을 주창했다.

폴 틸리히는 상관관계에 대한 특정한 이해를 바탕으로 상관관계 방법을 발전시켰다.[54] 상관관계는 세 유형이 가능하다. (1) 데이터의 상관관계 같은 통계적 유형 (2) 개념들(예컨대 전체와 부분)의 상호 의존성과 같은 논리적 유형 (3) 사물과 사건의 상호 의존성 같은 실재적 유형이다. 이 세 유형은 신학에도 있다. 종교적 상징과 그 상징이 상징하는 바 사이의 통계적 상관관계는 종교적 지식의 문제를 구성한다. 신적인 것 개념과 인간적인 것 개념 사이의 논리적 상관관계는 하느님과 세계에 관한 언어의 의미를 규정한다. 실제 사물과 사건의 상호 의존성의 상관관계는 궁극적 관심과 그 관심의 대상 사이의 상관관계에서 발견된다. 이 세 번째 상관관계는 종교 경험 속에서의 신적인 것과 인간적인 것 사이의 관계에만 해당한다. 신-인 관계에서의 이러한 상관관계는 신적인 것과 인간적인 것 사이의 실재적 상관관계, 곧 실재적·존재론적 차원에

53　Ragnar Holte, *Die Vermittlungstheologie* (Uppsala: University of Uppsala Press, 1965).

54　Paul Tillich, *Systematic Theology* (Chicago: University of Chicago Press, 1951-63[국역본: 『폴 틸리히 조직신학』, 새물결플러스), 1:59-66; 또한 2:14를 보라. 그리고 다음을 보라. John P. Clayton, *The Concept of Correlation: Paul Tillich and the Possibility of a Mediating Theology* (New York: De Gruyters, 1980).

서의 상관관계를 표현한다.

상관관계 방법에 대한 틸리히의 정의와 적용은 다양하다. 그는 질문과 대답의 상관관계라는 측면뿐 아니라, 형식과 내용의 상관관계라는 측면에서도 상관관계 방법을 정교하게 다듬는다. 그는 전자의 상관관계에 관해 다음과 같이 말한다. "신학은 인간 실존에 내포된 질문을 정식화하고, 인간 실존에 내포된 질문에 따라서 신의 자기현시에 내포된 대답을 정식화한다."[55] 상관관계 방법을 그가 구체적으로 적용하는 부분은 매우 복잡한데, 이는 그가 상관관계를 단지 질문과 답변의 상관관계를 표현하는 데만 사용하지 않기 때문이다. 그는 '인간이 유한성을 경험할 때 그 경험의 형식·내용'과 '인간이 종교적으로 상징화하는 방식' 사이의 상관관계를 표현하기 위해서도 이 방법을 사용한다.[56] 틸리히는 이성, 존재, 실존, 역사를 분석하여 근본적인 물음의 등장을 부각하고, 이를 계시, 하느님, 그리스도, 성령, 하느님 나라라는 상징과 상호 관련시킨다.

현대 로마 가톨릭 신학에서 상관관계 방법

오늘날 많은 로마 가톨릭 신학자가 상관관계 방법이 신학 과제를

---

55   Tillich, *Systematic Theology*, 1:61.

56   다음을 보라. Langdon Gilkey, *Gilkey on Tillich* (New York: Crossroad, 1990), 56-78, 171-96.

가장 잘 표현한다고 주장한다. 한스 큉이 지적했듯이, 신학은 두 극을 다루며 이 두 극이 상호 관련되어야 한다는 광범위한 합의가 있다. 그럼에도 각 극을 어떻게 이해해야 하는지, 어떻게 상호 관련시켜야 하는지에 대해서는 중요한 차이가 있다. 구체적으로 다섯 가지 상관관계 방법의 사례를 간략히 기술하면 중요한 유사점과 차이점이 드러날 것이다. 그 다섯 가지는 에드바르트 스힐레벡스의 비판적 상관관계와 구조적 원리들, 한스 큉의 역사적 예수와 현재의 비판적 대결, 요제프 라칭거 추기경의 철학적 탐구와 신학적 탐구 사이의 상관관계, 로즈마리 래드포드 류터의 예언자적 원리와의 상관관계,[57] 데이비드 트레이시의 상호 비판적 상관관계다.

비판적 상관관계와 동일성 원리: 스힐레벡스

스힐레벡스는 상관관계 방법을 "신학의 두 원천 … 즉, 그리스도교 경험의 전통과 오늘날의 경험 사이의 비판적 상관관계"라고 정식화한다.[58] 이러한 정식화는 폴 틸리히의 상관관계 개념과는 다르다. 틸리히는 계시의 매개와 원천을 구별하여, 경험은 매개지 계시의 원천이 아님을 확언했다. 이와 달리 스힐레벡스의 상관관계는 신학의 "두 원천" 사이의 상관관계이며, 그는 이를 신학의 두 극이

---

[57] 물론 류터의 작업은 해방신학과 페미니스트 신학과 연관하여 분류될 수도 있다. 이는 다양한 방법론을 전유할 때 상당한 중첩 내지 교차점이 있음을 시사한다.

[58] Edward Schillebeeckx, *Interim Report on the Books "Jesus" and "Christ"* (New York: Crossroad, 1981), 50.

라고 부른다. 곧 전통의 경험과 오늘날의 경험이다. 그는 이 두 '원천' 사이의 "비판적 상관관계, 그리고 때로는 비판적 대결"이 요청된다고 말한다.[59] 스힐레벡스는 이 두 극을 상세하게 설명한다.

스힐레벡스는 그리스도교 경험의 전통(첫 번째 극)을 분석하면서, 신약성서 문서들이 다양한 신학을 담고 있음에도 예수님 안에서 하느님께로부터 오는 구원이라는 근본 경험에서는 근저의 통일성을 이루고 있다고 주장한다. 그것은 "다양한 방식으로 해석되지만 그럼에도 동일한 기본 경험"이다.[60] 이 경험은 다음과 같은 네 가지 형성 원리로 구성된다. (1) 하느님께서 모든 것의 구원을 의욕하신다는 믿음(신학적-인간학적 원리) (2) 예수님이 하느님의 출발점의 결정적 드러남이라는 믿음(그리스도론적 매개) (3) 예수님 안에 있는 하느님의 이야기가 교회의 메시지와 생활 방식 속에서 계속된다는 믿음(교회적 매개) (4) 구원 이야기는 지상에서 완성될 수 없다는 믿음(종말론적 차원).

스힐레벡스는 현대의 경험(다른 극)을 분석하면서, 그것이 대조되는 두 요소로 특징지어진다고 제안한다. 즉, 미래를 향하는 희망적 지향과 과도한 고통 및 무의미한 불의와의 대면이다. 근대 서구의 공리주의적 개인주의는 이러한 대조의 주요 이유이자 원인이다. 공리주의적 개인주의는 미래에 대한 희망으로도, 고통과 불의

---

59   Ibid., 51.

60   Ibid.

로도 이어진다. 서구 근대성의 중심 가치는 자유이지만, 이 자유는 공리주의적 개인주의로 물들어 있고, 이는 과학 기술과 결합하여 대개 자기 이익을 극대화하는 수단이 된다.

스힐레벡스는 예수님 이야기와 근현대의 공리주의적 개인들 사이에서 비판적 상관관계가 일어나야 한다고 주장한다. 예수님 이야기는 회심을 불러일으키고 우리를 회심으로 부른다. 이러한 메타노이아를 불러일으키는 것이 비판적 상관관계의 목표다. 그러므로 스힐레벡스에게 비판적 상관관계란 일차적으로 회심을 촉발하는 예수님 이야기와의 대결을 뜻한다. 스힐레벡스의 상관관계 이해의 기저에는 일시적, 국면적, 구조적 역사 사이의 구분이 깔려 있다. 일시적 역사는 왔다가 사라지는 매일의 사건이라는 사실로 구성된 역사다. 국면적 역사는 훨씬 더 광범위하며, 역사의 긴 문화적 축을 포함한다. 구조적 역사는 불변적이며, 일시적 역사와 국면적 역사가 그 주위를 도는 축 역할을 한다.[61] 비판적 상관관계의 목표는 다양한 국면적 시대(예컨대 팔레스타인 시대나 헬레니즘 시대)의 범주로 표현된 그리스도교 경험의 구조적 동일성을 가려내는 것이다. 국면적인 것에서 구조적 동일성을 가려내는 목적은 그리스도교 이야기의 동일성이 현재의 그리스도교 경험에 영향을 미치게 하는 것이며, 그래서 그리스도의 구원 이야기가 현대의 경험과 대

61 　다음을 보라. Edward Schillebeeckx, *Jesus: An Experiment in Christology* (New York: Crossroad, 1979).

결하여 근현대의 개인주의적이고 소유 지향적인 태도를 비판적으로 교정하는 구원을 제안하게 하려는 것이다.

비판적 대결과 살아 계신 예수님: 큉

한스 큉은 **비판적 상관관계**라는 용어보다 **비판적 대결**(critical confrontation)이라는 말을 선호하며, 살아계신 예수님과 현재 상황의 비판적 대결 방법으로 상관관계 방법을 전개했다.[62] 큉은 **상관관계**라는 용어를 **대결**이라는 용어로 바꿨고, "두 원천"보다 "두 극"이라는 말을 선호한다. 그러나 두 극을 스힐레벡스와는 상당히 다르게 기술한다.

신학의 과제는 살아 계신 예수님과 현재 상황 사이에 비판적 대결이 일어나게 하는 것이다. 첫 번째 극은 성서의 상징이나 신앙의 그리스도가 아니라 살아 계신 예수님이다. 비록 큉이 계속 글을 써 나가는 과정에서 그리스도교 전통을 포함하는 쪽으로 입장을 수정하긴 했지만, 그의 방점은 지상의 예수에 있다. 지상의 예수님—역사비평적 연구를 통해 알려진 초기 예수님—은 그리스도교 신앙의 규범이자 기준이다. 큉의 말로 표현하자면, 예수님에 대한 역사비평적 연구는 "우리가 믿는 신앙의 그리스도는 실제로 나사렛

---

[62] 상관관계 방법에 관한 큉의 기본 논문은 다음 책에서 볼 수 있다. Leonard Swidler, ed., *Consensus in Theology? A Dialogue with Hans Küng and Edward Schillebeeckx* (Philadelphia: Westminster, 1980). 이후 수정한 내용은 다음 책에 있다. Hans Küng, *Theology for the Third Millennium* (New York: Doubleday, 1988).

예수라는 사람이지, 다른 누군가가 아니며, 어쩌면 실체가 없을 수도 있는 그런 인물이 아니"라는 점을 보는 데 도움을 준다.[63] 역사비평적 연구는 우리가 신앙의 그리스도에 대한 허위 이미지를 구성하거나 그런 이미지에 집착하는 일을 피하는 데 도움이 된다. 그것은 우리를 역사의 예수, 곧 신앙의 그리스도에 대한 규범이자 기준이신 분과 접촉하게 한다.

한스 큉은 첫 번째 극과 두 번째 극을 비판적으로 대결시킬 때도, 두 번째 극을 현대 경험이라고 기술한 스힐레벡스와 생각을 달리한다. 큉은 근대성에 관한 스힐레벡스의 견해를 따르지 않는다. 근대성을 특징짓는 것, 근대성의 과도한 고통을 낳는 것은 공리주의적 개인주의가 아니다. 오히려 근대성은 관료제의 확산과 개인의 자유가 없는 것으로 특징지어진다. 예수님의 율법 비판에서의 자유는 이 관료적 근대성의 법과 비판적 대결 관계에 있다.

신앙과 이성의 상관관계: 라칭거

라칭거는 그리스도교 신학의 고유하고 특수한 성격을 부각하면서, 그리스도교 신앙이 진리를 어떤 특정 사태에 대한 하나의 특수한 진리로 보지 않는다고 주장한다. 그리스도교 신앙은 진리를 우리의 존재 자체의 진리로 본다. 그리스도교의 진리는 신앙 안에서 접근 가능하지만, 이 진리는 현실의 의미를 밝혀 주며 우리의 지성

---

⁶³ Küng, *Theology for the Third Millennium*, 111.

에 말을 건넨다. 신앙은 인간이 진리와 맺는 관계를 제거하지 않으며, 이성의 유비를 건너뛰지도 않는다. 유비는 넓어지고 깊어질 수 있으며, 제거되지 않는다. 인간 이성은 인간 가능성의 한계 안에서 진리를 향하도록 질서가 부여되어 있다. 그래서 라칭거는 "합리성은 그리스도교의 본질에 속한다"고 주장한다.[64]

라칭거는 유비를 옹호하면서, 존재의 유비와 신학에서 형이상학의 역할에 대한 칼 바르트의 비판에 날카롭게 이의를 제기한다. 바르트는 궁극의 원인에 대한 철학적 탐구와 성서적 신앙의 신학적 전유 사이의 연속성을 반대했는데, 라칭거는 자신의 상관관계 이해를 이런 바르트의 입장과 대척점에 둔다. 라칭거는 상관관계의 세 가지 차원을 개괄함으로써 바르트와 대조를 이룬다. "철학 탐구와 신학 탐구 사이의 상관관계에서 첫 번째 차원"은 철학과 신학 모두 인간의 필멸성에 직면하여 인류의 기원, 목적, 의미에 대해 물을 때 드러난다.[65] "상관관계의 두 번째 차원"은 "신앙이 하느님의 존재를, 더 나아가 실재 전체를 다스리는 권능의 하느님의 존재를 고백할 때, 철학적 주장, 더 정확히 말해 존재론적 주장을 추동"하면서 발생한다.[66] 상관관계의 세 번째 차원은 사랑이라는 요소를 포함한다.

---

64   Joseph Cardinal Ratzinger, *The Nature and Mission of Theology* (San Francisco: Ignatius: 1995), 56.

65   Ibid., 23.

66   Ibid., 24.

보나벤투라는 성서 메시지를 이해하기 위해 철학 담론을 사용하는 것을 정당화하며 두 가지 답변을 제시했는데, 라칭거는 보나벤투라의 두 답변과 관련지어서 상관관계의 이 마지막 단계를 설명한다. 첫 번째 답변은 베드로의 첫째 편지 3:15에 뿌리를 둔다. 이 구절은 중세 그리스도교에서 신학을 정당화하는 고전적 근거였다. 그리스어 본문은 그 확언하는 바를 명확히 강조하는데, 곧 희망의 이유(*logos*)를 묻는 자에게 변론(*apo-logia*)을 제시할 준비가 되어 있어야 한다는 것이다. 이는 자기가 믿는 바의 이유를 다른 사람에게 설명하는 변증적 기능—이 기능도 중요하지만—그 이상을 내포한다. 이러한 기능은 신앙이 단지 개인의 결정에 맡겨진 사적인 문제가 아님을 보여 준다. 그러나 더 깊은 차원에서는 선교적 기능을 가리킨다. "신앙이 모든 전통을 진정 초월하고 이성에 호소하며 진리 자체를 지향할 때만 신앙은 선교적일 권리를 갖는다."[67] 이에 더해 라칭거는 신학적 성찰을 정당화하는 또 다른 이유를 언급한다. 신앙과 상관될 수 없는 이성의 폭력성이 존재함을 깨달은 보나벤투라가 탐구의 또 다른 동기로 상정한 것은 바로 사랑이다.

상관관계와 예언자적 원리: 류터

로즈마리 래드포드 류터는 페미니스트 신학적 관점에서 상관관계 방법을 전개하면서 예언자적 원리를 강조했다. 그녀는 한스 큉

---

[67] Ibid., 26.

처럼 상관관계 방법을 일반적 합의의 방법으로 제안하지 않는다. 오히려 상관관계 방법이 다양하게 적용될 수 있음을 지적하면서, 인종, 계급, 젠더를 고려하는 해방신학을 전개하고자 한다.[68] 그녀는 예언자적 원리를 역동적인 비판 원리로 본다.[69] 이것이 원리인 까닭은 어떤 특정한 전통이나 텍스트 모음을 가리키는 게 아니라 다양한 전통과 텍스트 안에 내재한 것이기 때문이다. 예언자적 원리는 역동적인 원리로서 고정되어 있지 않고 변화하고 변형된다. 또한 예언자적 원리는 비판 원리로서 계급주의, 인종주의, 성차별과 같은 형태의 억압을 비판한다. 그녀의 말을 빌리자면, "성서의 원리를 바탕으로 한 페미니스트 신학이 가능한 경우는 예언자적 원리가 더 충분하게 이해되어서 다음과 같은 거부를 담고 있을 때뿐이다. 곧, 한 사회 집단을 하느님의 형상이자 대리자로 내세워서 다른 집단보다 높이는 모든 행위, 사회적 지배와 종속을 정당화하는 데 하느님을 이용하는 모든 행위에 대한 거부를 예언자적 원리가 담고 있을 때만 가능하다."[70] 그녀는 페미니스트 신학을 전개하

68　Rosemary Radford Ruether, "Is a New Christian Consensus Possible?" in Swidler, *Consensus in Theology?* 33-39.

69　다음을 보라. Rosemary Radford Ruether, "Feminist Interpretation of the Method of Correlation," in *Feminist Interpretation of the Bible*, ed. Letty M. Russell (Philadelphia: Westminster, 1985), 111-24.

70　Rosemary Radford Ruether, *Sexism and God-Talk: Toward a Feminist Theology* (Boston: Beacon, 1983). 다음 책에서 류터의 최근 해석을 보라. *Feminist Theologies: Legacy and Prospect* (Minneapolis: Fortress, 2007).

면서 상관관계 방법을 넘어서 그 범위를 확장하고자 했고, 전 지구적·환경적 관심사를 아우르려고 노력해 왔다.[71]

상호 비판적 상관관계: 트레이시

데이비드 트레이시는 신학의 과제에 대한 다음과 같은 정의가 "널리 받아들여진 정의"라고 제안한다. 바로 "그리스도교 전통에 대한 해석과 현대 상황에 대한 해석 사이에서 상호 비판적인 상관관계를 수립하는 것"이다. 이는 "수정된 상관관계 방법"이며, "사실상 해석학적으로 자기 자신을 의식하면서 전통 신학을 명료화하고 교정하는 것과 다름 없다."[72] 여기서 해석학적으로 자기 자신을 의식한다고 말하는 이유는 그리스도교적 사실에 호소하기보다 두 해석의 상호 비판적 상관관계에 호소하기 때문이다.[73]

트레이시는 상관관계 방법에 관한 자신의 구상을 정교하게 다듬으면서, 슈버트 오그덴이 제안한 구분을 수용하고 발전시킨다. 오그덴은 전통에 부합하는지 묻는 적절성 기준과 오늘날 상황에

---

71   Rosemary Radford Ruether, *Integrating Ecofeminism, Globalization, and World Religions, Nature's Meaning* (Lanham, MD: Rowman & Littlefield, 2005).

72   Robert M. Grant with David Tracy, *A Short History of the Interpretation of the Bible*, rev. ed. (Philadelphia: Fortress Press, 1984), 170.

73   David Tracy, "What Is Fundamental Theology?" *Journal of Religion* 54 (1974): 13-34. Revised as chapter 2 of *Blessed Rage for Order* (New York: Crossroad, 1975).

서 이해될 수 있는지 묻는 이해 가능성 기준을 구분했다.[74] 오그덴은 진리와 의미 사이의 분석적 구분을 차용하여, 사도적 증언에서 도출된 적절성 기준이 그리스도교의 의미나 정체성을 결정한다고 주장한다. 그리고 상황에 대한 이해 가능성 기준은 그리스도교 신앙의 진리에 대한 기준을 제공한다.

트레이시는 상관관계 방법에 관한 자신의 구상을 발전시키는 과정에서 이 기준들을 주의 깊게 구별하고 규정한다. 적절성 기준은 신학적 기준으로 이해된다. 곧 "성서 안에 규범적으로 표현된 사도적 증언에 부합하는지의 측면에서 후대의 모든 신학적 진술을 판단하는 것이 신학적으로 결정적임을 함의한다."[75] 적절성에 대한 이러한 해석은 예언자적 원리를 강조한 류터나 살아 계신 예수를 강조한 큉과는 상당히 다르다. 큉과 대조적으로 신학적으로 유의미한 것은 "'역사적 예수'가 아니라 고백되고 증언된 그리스도"다.[76]

---

74   다음을 보라. Schubert Ogden, *On Theology* (New York: Harper & Row, 1986), 1-22. 또한 Tracy, *Blessed Rage for Order* 외에도 *The Analogical Imagination*과 *Plurality and Ambiguity*를 보라.

75   Grant and Tracy, *Short History*, 175. 트레이시는 그러한 기준이 동일성을 암시하고 후대 발전에 따른 비판을 원천 봉쇄하는 것으로 여겨질 수 있음을 인지하고 있다. 따라서 그는 자신의 진술을 다음과 같이 정교하게 수정한다. "적절성 기준은 **그리스도교** 신학에서 모든 후대 신학이 성서에 표현된 핵심 그리스도교 증언과 근원적 부조화가 없는 까닭을 입증할 의무가 있다고 주장한다. 이러한 제한된 의미에서 성서는 예수 그리스도에 대한 원래의 사도적 증언으로서 후대의 증언을 규정하지 후대 증언에 의해 규정되지 않는다(*norma normans sed not normata*)"(p. 176).

76   Tracy, *The Analogical Imagination*, 301-2 n97. 또한 다음을 보라. Elizabeth

이해 가능성 기준은 메시지를 현재 상황에 전달하거나 현재 상황과 상호 관련시킨다. 이해 가능성 기준은 현대의 경험과 상황에 '유관하게 적합한가' 하는 문제와 관련된다. 중요한 점은 현대에 유관하게 적절한가 하는 기준을 통해 고전적 사건이 현대 상황을 드러내고 변혁시키는 것이다. 트레이시는 사건과 응답의 변증법, 설명적 방식과 해석적 방식의 변증법, 그리고 대화의 모델을 통해 상관관계의 성격을 발전시킨다. 두 극 사이의 상관관계는 대화이자 비판적 상관관계로 이해된다. 이 상관관계는 다양할 수 있다. 동일성의 상관관계일 수도 있고, 차이 속 유사성의 상관관계나 대결의 상관관계일 수도 있다.[77]

적절한 신학 방법이 상관관계 방법이라고 주장하는 접근 방식이 다양하다는 사실은 이 방법이 얼마나 널리 수용되고 있는지를 보여 준다. 상관관계 방법은 고전적 신학 개념과 공통점이 많으면서도 다르다. 상관관계 방법은 한편으로 올바르게 해석된 과거 종교 전통의 권위와 타당성을 전제하고, 그것을 현재에 적용하고자 한다. 다른 한편으로 전통 신학이 상정했던 것보다 과거 메시지와 현재 상황 사이의 거리가 더 멀다고 인식한다. 따라서 상관관계는

A. Johnson, "The Theological Relevance of the Historical Jesus; A Debate and a Thesis," *The Thomist* 48 (1984): 1-43.

77 David Tracy, "The Uneasy Alliance Reconceived: Catholic Theological Method, Modernity and Postmodernity," *Theological Studies* 56 (1989): 548-70.

단순히 사실이 아니라 신학 과업의 결과이자 목표다. 이 목표를 향해 가는 과정에서 종종 사람들은 상관관계라는 신학적 방법을 다른 방법과 결합한다. 예컨대 인간 주체성의 종교적 차원에 대한 초월적 분석이나, 종교 전통의 의미를 해석학적으로 다시 살려내는 방법 등과 결합한다.

상관관계를 넘어서

상관관계 방법에 대해 몇 가지 유보적 견해가 제기될 수 있다. 그러나 상관관계에 대한 개념이 다양한 만큼 유보적 견해가 모든 경우에 동일하게 적용되지는 않는다. 첫째, 흔히 상관관계 방법은 언어와 언어로 표현된 실재가 별개라는 구분을 바탕으로 한다. 이러한 구분은 언어와 문화가 지닌 역사성을 경시한 것인데, 왜냐하면 다음과 같은 가정을 전제하고 있기 때문이다. 즉, 서로 다른 문화적 표현, 범주, 언어는 변할지라도 이러한 범주를 통해 표현된 실재 자체는 역사적으로 변하지 않고 동일한 상태로 머물러 있으므로 상관관계가 성립할 수 있다는 것이다.

둘째, 상관관계 방법은 연속성과 동일성을 강조한다. 다시 말해, 신앙과 신학의 발전 과정에 나타나는 변화와 비동일성을 충분히 고려하지 않고 있다. 전통을 지나치게 형식화하여 추상적으로 정식화한 진술로 만드는 경우가 아니라면, 상관관계를 넘어서 발전,

변형, 변화를 포괄하는 범주들로 전통을 이해할 필요가 있다.

셋째, 상관관계 방법은 전통에 대한 비판의 필요성을 충분히 고려하지 않고 있다. 내가 여기서 말하는 비판이란, 전통의 근저에 있는 경험이나 확언들이 더 잘 드러나도록 전통을 정식화한 진술을 비판하는 문제가 아니다. 오히려 경험과 확언 자체를 재검토하는 것을 말한다.

5. 해방신학

해방신학이라는 용어는 단일한 신학 방법론을 지칭하지 않는다. 다양한 신학 운동을 아우르는 말이다. 좁은 의미에서 해방신학은 라틴아메리카에서 전개된 하나의 현대 신학 운동이다. 이러한 제한된 정의에 따르면, 해방신학은 라틴아메리카 국가 내부의 사회적 불평등, 그리고 라틴아메리카와 북아메리카 사이의 사회적 불평등을 야기하는 정치적, 경제적, 이데올로기적 원인에 주목하는 운동이다. 요한 밥티스트 메츠가 정치신학을 발전시킨 데서[78] 강하게 영향받은 라틴아메리카 신학자들은 현대 사회, 종말론, 정치적 변화에 대한 독자적인 해석을 제시한다. 그들은 발전이 아니라 해방을 신학, 경제, 정치의 핵심 범주로 주창한다. 그러나 해방신학

78 　다음을 보라. Johann Baptist Metz, *Theology of the World* (New York: Cross-road, 1969).

을 이렇게 좁은 의미로 보더라도 라틴아메리카 해방신학자들의 신학적 입장과 방법론은 매우 폭넓고 다양하다.

넓은 의미에서 **해방신학**이라는 용어는 구체적인 억압의 형태를 비판하고 해방을 신학 과제의 필수 요소로 보는 모든 신학 운동을 지칭한다. 페미니스트 신학, 흑인 신학, 몇몇 아시아 신학은 해방신학의 주요 유형이다. 또한 이 용어는 미국 원주민, 여러 민족 집단, 여타 소수자 집단이 자신들의 신학적 성찰 방식을 표현하기 위해 전유하였다. 다양한 해방신학자 사이에는 상당한 차이가 있지만, 그들의 방법론에는 몇 가지 공통 특징이 있다. 이러한 특징을 통해 우리는 공통적인 방법에 대해 이야기할 수 있다. 이 방법은 보통 네 가지 구별되는 단계가 있다.

출발점

해방신학자들은 자신이 속한 구체적인 사회정치적 상황에 대한 분석을 출발점으로 삼는다. 이러한 분석은 억압, 착취, 소외, 차별을 드러내려는 것이다. 경험을 억압에 대한 경험으로 해석하는 것은 모든 해방신학의 공통 특징이다. 예를 들어, 라틴아메리카 해방신학자들은 개별 국가 안에서 부유층과 빈곤층 사이의 극명한 대비, 선진국과 개발도상국의 극명한 대비를 본다. 그러면서 이러한 불평등의 결정적 요인으로 국가 간 종속과 착취 관계를 지적한다.[79] 아프리카계 미국인 해방신학자들은 그리스도교 역사에서 있어 온 아프리카인과 아프리카계 미국인들에 대한 차별에 초점을 둔다. 페미니스트 신학자들은 가부장적으로 구조화된 사회에서 여성에 대한 억압에 주목한다.

이데올로기 비판

공통적인 두 번째 단계는 억압받는 사람들의 경험이라는 시각에서 전통을 읽어 내는 것이다. 이러한 읽기는 '의심의 해석학'이나 이데올로기 비판을 포함한다. 이는 전통 속에서 억압을 초래한 이데올로기적 왜곡을 찾아서 그러한 요소를 비판하는 작업이다. 이 해석학에서 의심의 정도와 범위는 신학자마다 다르다. 라틴아메리카 해방신학자들은 대체로 신약성서 이후의 전통, 혹은 역사적 예수 이후의 전통에서만 이데올로기적 왜곡이 나타난다고 지적하는 듯하다. 예를 들어, 가난한 사람 편에 분명히 서 계셨던 역사적 예수님께로, 혹은 신약성서 저술의 본래 의도로 돌아가고자 그 이후의

---

79 다음을 보라. Gustavo Gutiérrez, *A Theology of Liberation*, rev. ed. (Maryknoll, NY: Orbis, 1988[국역본: 『해방신학』, 분도출판사]). 정치신학과 해방신학의 관계에 대해서는 다음을 보라. Francis Fiorenza, "Political Theology and Liberation Theology: An Inquiry into Their Fundamental Meaning," in *Liberation, Revolution and Freedom: Theological Perspectives*, ed. Thomas McFadden (New York: Seabury, 1975), 3-29.

해석 전통을 비판하는 신학자가 많이 있다.[80]

페미니스트 해방신학에서는 상황에 대한 독해가 훨씬 더 복잡하다.[81] 우선 신약성서의 전통부터가 다양하다. 어떤 전통과 본문에는 여성 차별적 사상과 태도가 녹아 있는 반면, 다른 전통은 그리스도 안에서 남녀평등을 선포한다. 전자의 예로는 남성에 대한 여성의 복종을 언급하며 아리스토텔레스적인 가부장제 질서를 담고 있는 신약성서의 가정 규범을 들 수 있다. 이런 부분은 그리스도교가 반가정적이라거나 로마의 사회 질서에 반한다는 비난에 대응하려는 시도에서 기원했다. 그리스도교가 여성과 노예가 그들의 '머리', 즉 '소유자'(가장)와 무관하게 독자적으로 개종하는 것을 허용했던 만큼, 로마인들은 그리스도교가 반가정적이며 사회 질서를 전복한다고 간주하고 비판했다. 가정 규범은 이러한 비난으로 어느 정도 설명될 수 있다.[82] 따라서 일부 페미니스트 신학은 이데올로기 비판을 신약성서에 대한 해석에 국한하지 않고, 신약성서 자체도 비판 대상으로 삼는다.

---

80   Juan Luis Segundo, *The Historical Jesus of the Synoptics* (Maryknoll, NY: Orbis, 1985); John Sobrino, *Jesus in Latin America* (Maryknoll, NY: Orbis, 1987).

81   후안 루이스 세군도의 접근 방식과 해방에 대한 페미니스트 비판 이론의 차이에 관해서는 다음을 보라. Elisabeth Schüssler Fiorenza, *Bread Not Stone* (Boston: Beacon, 1984[국역본:『돌이 아니라 빵을』, 대한기독교서회]), 43-63.

82   Elisabeth Schüssler Fiorenza, *In Memory of Her* (New York: Crossroad, 1983[국역본:『그女를 기억하며』, 감은사]): 251-84. 또한 다음을 보라. Idem, *Bread Not Stone*, 65-92.

해방신학 내에서 이데올로기 비판을 수행하는 관점은 다양하다. 어떤 해방신학자들은 현재의 억압 경험을 역사적 예수나 예언자적 원리 같은 다른 기준과 연관 짓는다. 그러면 이데올로기 비판은 두 기준 사이의 상관관계에 기초하게 된다. 또 다른 이들은 종종 충분한 역사적 분별 과정을 거치지 않은 채로 그러한 상관관계를 제시한다. 그들에게는 억압 경험 자체가 성서를 읽는 기준이 된다. 신약성서 해석 전통을 그러한 경험에 비추어 '다시 읽을' 뿐만 아니라, 신약성서 자체도 그러한 경험을 바탕으로 다시 읽는다. 그러므로 비판의 기준은 억압 경험이 된다. 즉, 그 경험은 다른 기준들을 평가하는 기본 기준이 된다.

예속된 지식

해방신학은 과거와 현재의 문화 전통에 나타난 이데올로기적 왜곡을 비판하는 것에 더하여, 예속된 지식을 되살리는 것도 해방신학의 구성신학적 과제로 본다. 따라서 잊힌 종교적 상징들, 소홀히 다루어진 교회의 실천들, 무시되어 온 경험들을 되살리는 것도 신학의 과제다. 역사는 종종 승리자의 기억과 해석은 기록하고, 희생자의 목소리와 해석은 침묵시키곤 한다.[83] 그러므로 해방신학의 과

---

83   특히 다음을 보라. Johann Baptist Metz, *Faith in History and Society* (New

제 하나는 목소리를 내지 못한 이들의 지식과 경험을 드러내는 것
이다.[84] 해방신학은 과거에서 원형(archetypes)이 아니라 해방의 선
례(prototypes)를 발굴한다.[85]

프락시스를 기준으로

해방신학에서 프락시스는 목표일 뿐만 아니라, 신학 방법론의 기
준이기도 하다.[86] 해방신학자들은 의도적으로 그리스어인 '프락시
스'를 사용한다. 이는 아리스토텔레스에게까지 거슬러 올라가는
중요한 구분을 강조하기 위해서다. 아리스토텔레스는 『니코마코
스 윤리학』에서 무언가를 만드는 기술적 숙련과 관련된 실천('포이
에시스')과 삶의 방식으로서의 실천('프락시스')을 구분했다. 전자는
기술적 숙련과 관련된 반면, 후자는 기본적인 삶의 방식을 표현한

York: Crossroad, 1980); idem, *The Emergent Church* (New York: Cross-
road, 1986); Matthew Lamb, *Solidarity with Victims* (New York: Crossroad,
1982).

84   Sharon Welch, *Communities of Resistance and Solidarity* (Maryknoll, NY:
Orbis, 1985).

85   Rebecca Chopp, *The Power to Speak* (New York: Crossroad, 1989). 특히 엘
리자베스 쉬슬러 피오렌자의 선례 개념을 체계적으로 전유한 2장을 보라.

86   Clodovis Boff, *Theology and Praxis* (Maryknoll, NY: Orbis, 1987); Rebecca
Chopp, *The Praxis of Suffering* (Maryknoll, NY: Orbis, 1986).

다.[87] 비판이론가들과 수정주의 마르크스주의자들은 이러한 아리스토텔레스의 프락시스 개념을 차용하여, 마르크스가 사회적·정치적 프락시스를 강조한 점을 수용했다. 그러면서도 마르크스가 이 개념을 기술관료적이고 경제적인 차원으로 환원한 부분은 피하고자 했다.[88] 해방신학자들도 이런 방향을 따랐다. 그들이 신학에서 프락시스가 목표이자 기준이라고 확언할 때 그들이 주장하는 바는 자신들의 목표가 어떤 기술관료적 조직이나 사회 구조, 경제 계획이 아니라 바로 삶의 방식이라는 것이다. '프락시스'라는 용어는 그들이 추구하는 해방이 단순한 기술관료적 발전이나 경제적 발전을 넘어서는 것임을 분명하게 보여 준다. 그것은 종교적, 사회적, 정치적, 개인적 차원을 모두 담고 있는 해방이다.

87　아리스토텔레스, 『니코마코스 윤리학』 6.2.1139a.19-20; 6.4.1140a.1-23; 6.7.1141b.16.

88　특히 다음을 보라. Jürgen Habermas, *Theory and Practice* (Boston: Beacon, 1973[국역본: 『이론과 실천』, 종로서적]).

Toward a More Comprehensive Theological Approach

IV

더 포괄적인 신학적 접근을 향하여

현대 신학이 직면한 도전들은 신학이라는 복잡한 과제를 더욱더 복잡하게 만든다. 그러한 도전은 문화적, 종교적, 경제적, 과학적, 정치적 도전이다. 더군다나 신학자들이 이러한 도전을 어떻게 해석하느냐에 따라 그들이 신학 과제를 이해하는 방식이 결정되는 경우가 허다하다. 만일 신학자들이 현재를 세속화된 상황으로 평가한다면, 즉 과거의 도덕적 가치는 사라졌고 전통적 종교의 의미는 소멸했다고 평가한다면, 그들은 이러한 가치를 복원하고 의미를 다시 살리는 일을 가장 중요한 신학 과제로 볼 수 있다. 만일 신학자들이 정치적·사회적·인종적 억압을 전면에 놓는다면, 그러한 억압을 극복하는 일이 신학의 주된 목표가 된다. 만일 신학자들이 인간 소외나 개인의 비진정성을 근본 문제로 간주한다면, 진정성에 이르고 소외를 극복하는 것이 일차 목표가 될 것이다.

현재 삶의 경험과 프락시스는 해방신학자에게 전통과 현재 상황을 비판하는 원천일 뿐만 아니라, 신학적 확언들을 평가하기 위한 기준이기도 하다. 동시에 해방된 프락시스는 해방신학의 목표이기도 하다. 그런 점에서 프락시스는 의심의 해석학 내지 이데올로기 비판이라는 동전의 이면이다. 해방신학에서 프락시스를 강조하는 이러한 경향은 신학에서 일종의 결과주의로 볼 수도 있다. 그러나 핵심 개념으로서 프락시스는 명확하게 규명될 필요가 있다. 프락시스에 호소하는 것은 흔히 억압 경험의 직접성에 호소하는 것이다. 그러나 프락시스를 규범적 원천이자 기대하는 목표로 삼는 이러한 호소는 프락시스 자체를 어떻게 평가할 것인가 하는 문제를 제기한다. 만일 프락시스에 대한 판단을 내려야 한다면, 몇 가지 필수적인 물음이 정당하게 제기될 수 있다. 그렇게 판단하는 해석적 틀은 무엇인가? 그러한 판단에는 어떤 배경 이론들이 함의 내지 전제되어 있는가? 프락시스 자체는 어떻게 해석되고 평가되는가? 이러한 질문들은 프락시스를 신학적·정치적 핵심 요소로 포함하는 신학 방법으로 이끈다. 이 신학 방법은 필연적으로 범위가 더 넓다.

1. 현대 상황의 특징

이번 섹션에서는 신학 과업에 도전을 가하는 현대적 상황의 세 가지 특징에 대해 논할 것이다. 이러한 특징은 신학 외부의 도전이 아니라 신학 내부의 도전이며, 신학적 성찰의 본성 자체에 영향을 미친다. 이러한 도전은 우리 시대 상황을 특징짓는 근본적 애매함이다. 이 세 가지 도전은 다원주의와 통일성, 합리성과 그에 대한 비판, 권력과 그 억압성이다.

다원주의와 통일성의 애매함

문화 다원주의가 신학에 영향을 미친다는 것은 명백하다. 다원주의는 신학에 대해 철학적·종교적·정치적 함의가 있다. 칼 라너는 널리 알려진 논문에서, 과거에는 신학과 문화를 연결하기 위해 특정 철학이나 세계관을 표준으로 삼고 거기에 호소할 수 있었다고 주장한다.[1] 이러한 철학은 토미즘이든, 초월적 철학이든, 현상학이든, 실존주의든, 아니면 분석철학이든 철학적 표준으로 기능했다. 그러나 오늘날에는 신학적 성찰을 위한 이러한 표준이나 문화적 매개로 기능하는 단일한 철학은 없다. 만일 누군가 그리스도교 신앙을 특정한 철학적 범주로 표현한다고 해서 그 자체로 그 신앙이 더 공적인 것도 아니고 더 정당하다고 인정받는 것도 아니다. 철학적 견해는 종교적 믿음 못지않게 특수성을 띨 때가 많다.

신학에서 이러한 다원주의의 결과는 이중적이다. 첫째, 더 이상 신학과 문화 사이의 종합을 기대할 수 없다. 어떤 이들은 중세 시대에는 그러한 종합이 있었다는 낭만적 이상을 품고 그 시절의 귀환을 갈망하지만, 이는 단지 실현 불가능한 공상에 불과하다. 문화 자체가 다원적이라서 그러한 종합이 가로막힌다. 둘째, 이러한 다원주의는 신학이 특정 철학에 호소하여 신앙과 합리성 사이의 연결 고리로 삼을 수 없다는 점도 함축한다. 그 대신 신학은 철학의 역사성과 신학의 다원성을 충분히 자각한 상태로 매개라는 과제를 직접 떠안는다.[2] 그래서 신학은 다원주의 문화 안에 존재하는

---

1   Karl Rahner, "Pluralism in Theology and the Unity of the Creed in the Church," *Theological Investigations* (New York: Crossroad, 1974), 11:3-23.

2   합리성에 관한 현대의 설명으로는 다음을 보라. Hilary Putnam, *Reason, Truth and History* (New York: Cambridge University Press, 1981[국역본: 『이성·진리·역사』, 민음사]), 특히 103-218.

그리스도교 신앙을 명확하게 다듬어 표현하고자 한다.[3]

신학의 과업은 철학적 다원주의 말고도 종교 다원주의와도 마주하게 된다. 세계의 다른 종교들의 존재와 다른 종교의 현실성은 그리스도교 신학에 점점 뚜렷하게 흔적을 남긴다. 레싱의 "현자 나탄의 우화"가 제기하는 물음은 현대 신학에 전형적인 물음으로 자리 잡았다. 이 우화에서 세 아들(유대교, 이슬람교, 그리스도교를 각각 대표한다)은 자신만이 아버지의 신앙으로부터 참된 반지(신적 계시)를 물려받았다고 주장한다. 아들들은 서로 엇갈리는 주장을 내세우며 재판관 앞에 선다. 그 반지는 소유자의 삶의 실천에 영향을 미치는 마법의 힘을 가지고 있다고들 하는데, 재판관은 이러한 반지 이야기에 주목한다. 그런데 세 아들 중 누구도 참된 반지를 소유했음을 입증할 만한 모범적인 사랑의 삶을 살고 있지 않다. 그래서 재판관은 아마 아무도 참된 반지를 가지고 있지 않거나, 혹은 미래가 되어서야 그들 중 한 명에게 반지의 힘이 드러날 것이라고 결론 내린다. 이 문제는 미해결 상태로 남아서, 장차 무한히 더 유능한 재판관에게 맡겨진다.

레싱의 입장은 다소 수수께끼 같다.[4] 그는 어떤 종교도 참된 반

3　다음을 보라. Claude Geffré, "Pluralité des théologies et unité de la foi," in *Initiation à la pratique de la théologie*, ed. Bernard Lauret and François Refoulé (Paris: Éditions de Cerf, 1982), 117–42; Yves Congar, *Diversity and Communion* (Mystic, CT: Twenty-Third Publications, 1985), 9–43.

4　다음을 보라. Henry E. Allison, *Lessing and the Enlightenment* (Ann Arbor: University of Michigan Press, 1966).

지를 소유하지 못했다고 확언하는 것인가, 아니면 삶의 실천이 중요하다는 점을 나타내려 한 것일까? 레싱의 우화는 오늘날 우리에게 더 큰 도전이 된다. 우리는 그 어느 때보다 그리스도교가 여러 종교 중 하나임을 자각하고 있다. 이슬람교와 유대교뿐만 아니라 불교, 유교를 비롯한 다른 여러 종교도 각자의 모범적인 종교적 비전이 담고 있는 활력과 주장을 드러낸다. 이들 종교를 함께 놓고 보면 종교적 비전의 다원성이 보인다. 이로 인해 그리스도교 신학은 다른 종교적 비전들과 고립된 상태로가 아니라 그것들과의 관계 속에서 그리스도교적 비전의 중요성과 의미와 절대성(unconditionality)을 표현해 내야 한다는 도전에 직면해 있다.

하지만 근대성의 특징은 철학적·종교적 다원주의를 더욱 인지하는 점뿐만 아니라, 세계의 통일성을 더욱 인식하는 데에도 있다. 경제 체제는 점점 더 국가들을 연결하고 여러 나라의 집단들을 연결한다. 자연 생태계 안의 모든 나라에서 인구 증가와 기술 발전이 일어난다. 모든 국가는 경제적으로 상호 의존할 뿐만 아니라 환경적으로도 그렇다. 모든 인간은 생태계에 의존한다. 게다가 인종, 민족, 젠더를 막론하고 확장되는 민주주의적 이상과 인권(그리고 인권 침해)에 대한 인식의 증대는 지구상 모든 사람에게 '공통된 인간성'에 대한 인식이 커지고 있음을 시사한다. 이 지구는 통신 기술의 발달로 점점 더 작아지고 있다.

신학의 과제는 다원주의를 진지하게 받아들이는 동시에, 다른 종교의 비전 및 전 지구적 인류의 상황을 도외시한 채 종교 언어를 고립된 언어 게임으로 환원하지 않으면서 그리스도교 비전의 특수성과 의미를 탐구하는 것이다.

합리성의 애매함과 그에 대한 비판

신학의 과제는 합리성 개념들과 관계가 있다. 근현대 세계에서 합리성의 성격은 이중적 도전에 직면해 있다. 즉, 근대 계몽주의의 도전을 마주하고 있고, 점차 증대되는 계몽주의에 대한 비판도 마주하고 있다.[5] 계몽주의와 계몽주의에 대한 비판은 모두 신학에 도전을 가한다. 로마 가톨릭 전통에서 신학은 언제나 신앙과 이성의 일치를 추구해 왔기에, 계몽주의와 근대 합리성 개념은 로마 가톨릭 신학에 중요한 의미가 있다. 최근 요제프 라칭거 추기경이 주장했듯이 "신앙은 이성과 대척점에 있어서는 안 되지만, 그렇다고 계몽된 이성과 그 방법론에 절대 권력을 부여하여 그 아래 놓여서도 안 된다. … 그리스도교 신앙은 그 구조 자체에 항상 명백히 나타나 있듯이 이성과 분리해서는 안 된다."[6]

계몽주의의 합리성 개념과 지식 개념은 매우 특수하다. 계몽주의자들은 과학이 지식을 습득하는 올바른 방법들을 발전시켰고

---

5 Max Horkheimer and Theodor W. Adorno, *Dialectic of Enlightenment* (New York: Seabury, 1972[국역본: 『계몽의 변증법』, 한길사]).

6 Ratzinger, *Principles of Catholic Theology*, 325.

그것이 누적되었다고 믿었다. 이러한 방법들은 고대의 미신, 전통 종교들, 검증되지 않은 권위를 대체함으로써 빈곤과 무지를 타파하고, 질병과 기아를 줄이고, 물질적 재화를 제공하며 행복을 증진할 것을 약속했다.[7] 오늘날 우리는 과학과 과학적 합리성의 한계를 인식하고 있다. 과학적 합리성은 비록 어마어마한 기술의 진보와 상당한 물질적 이득을 가져왔지만, 또한 한계와 위험이 있음을 우리는 인식하고 있다. 그래서 우리는 합리성의 위기에 봉착했다. 이러한 합리성의 위기는 1940년대 비판 이론에서 강력하게 기술되었고,[8] 오늘날 기술관료적 합리성 및 과학적 합리성에 대한 포스트모던적 비판의 중심을 차지한다.[9] 과학과 이성이 진보한다는 근대주의의 신념은 이러한 진보의 부정적 측면을 간과했다는 점에

7 다음을 보라. Langdon Gilkey, *Society and the Sacred* (New York: Crossroad, 1988), 3-14, 73-105. 또한 그의 초기 저술을 보라. *Religion and the Scientific Future* (New York: Harper & Row, 1970).

8 Max Horkheimer, *Critique of Instrumental Reason* (New York: Seabury, 1967[국역본: 『도구적 이성 비판』, 문예출판사]). 또한 다른 관점에서 쓴 다음을 보라. Alvin Gouldner, *The Dialectics of Ideology and Technology* (New York: Basic, 1976).

9 다음을 보라. Jean-François Lyotard, *The Postmodern Condition: A Report on Knowledge* (Minneapolis: University of Minnesota Press, 1984[국역본 다수]); idem, *The Differend* (Minneapolis: University of Minnesota Press, 1988[국역본: 『쟁론』, 경성대학교출판부]). 일반적 개괄로는 다음을 보라. Steven Connor, *Postmodernist Culture: An Introduction to Theories of the Contemporary* (Oxford: Blackwell, 1989). 비판적 견해로는 다음을 보라. Jürgen Habermas, *The Philosophical Discourse of Modernity: Twelve Lectures* (Boston: Beacon, 1987[국역본: 『현대성의 철학적 담론』, 문예출판사]).

대해 강하게 비판받는다. 또한 실제로는 유럽 중심적인 특수한 관점인데도 보편적인 관점으로 사유했다고 믿었던 '대체적 보편주의'(substitutional universalism)도 강하게 비판받는다.[10]

이러한 합리성의 애매함과 합리성에 대한 비판은 신학에 특히나 심각한 도전을 제기한다. 한편으로 신학적 성찰은 인문학에 지대한 영향을 미친 방법론의 성장을 간과할 수 없다. 종교 고전과 성서에 대한 신학적 분석은 텍스트에 현대적 방법론을 적용하는 일을 소홀히 할 수 없다. 게다가 여러 종교적 신념은 특정한 학문적 세계관을 전제하고 있고, 이러한 세계관은 적어도 종교적 신념 속에 표현되어 왔다. 신학이 과학적 지식과 합리성의 성장을 간과한다면 게토 속으로 물러나는 것과 다름없다. 동시에, 신학적 성찰은 과학적 실증주의를 피할 필요가 있다. 과학적 실증주의는 기술관료적 합리성의 과학만능주의를 흉내 내고 있다. 더욱이 신학은 초월에 대한 종교적 신념을 표명하므로, 과학적 합리성을 초월하는 것을 강조하는 일도 그 과업이다. 그럼으로써 신학은 인간 이성에 대한 실증주의적이고 환원주의적인 개념들에 도전을 제기한다.

10   Francis Schüssler Fiorenza, "The Impact of Feminist Theory on My Work," *Journal of Feminist Studies in Religion* (Spring 1991).

권력의 애매함과 그 억압성

근대 세계는 과학적, 기술적, 정치적 권력의 인상적 성장을 목격했
다. 자연에 대한 지배와 사회 구조의 조직화는 물질적 삶의 풍요로
이어졌다. 그러나 이렇게 부와 건강이 증진되면서 빈곤과 기아도
동시에 늘었다. 자연에 대한 지배는 지구 곳곳의 착취 및 파괴와
나란히 진행되었다. 생활 수준의 향상은 일부 사람, 국가, 대륙에
만 국한되었다. 번영과 함께 빈곤도 늘었다. 이런 대비는 멀리 떨
어진 지역 간에 나타날 뿐만 아니라, 바로 같은 도시와 마을 안에
서도 나타난다. 정치권력, 자유, 평등의 성장은 일부를 위한 것이었
고, 인종 학살, 성차별, 민족 억압을 수반했다. 권력은 양날을 지닌
다. 권력은 긍정적 통제를 가능하게 할 뿐만 아니라, 착취적 지배
도 가능하게 한다.

이러한 권력의 애매함은 두 가지 방식으로 성찰적 신앙에 도전
을 가한다. 첫째, 이 애매함은 신앙의 사명과 구조에 영향을 미치
는 도전으로 나타난다. 이는 정의를 행하는 신앙, 권력과 부의 불
균형에 민감한 신앙, 억눌리고 가난한 이들에게 눈을 돌리는 신앙
을 요청한다. 둘째, 가난한 이들과 억압받는 이들은 그들이 아니었
다면 간과했을 만한 사회와 역사에 대한 관점을 가져온다.[11] 지식

11　Gustavo Gutiérrez, *The Power of the Poor in History* (Maryknoll, NY: Or-
　　bis, 1983).

사회학은 삶의 물질적 조건이 얼마나 문화 형성과 사고에 영향을 미치는지 드러냈다. 개인이 현실을 이해하거나 자기 과거를 해석하는 데 사용하는 범주는 권력과 지배 구조 속에서 발전한다. 우리는 삶의 관계와 권력 관계 안에 있고, 이러한 관계들은 자신과 세계와 타자를 이해하는 방식에 영향을 미친다.

따라서 해방신학자들이 강조하듯이, 신학은 사회의 의식을 지배하는 비종교적 이데올로기를 비판하는 과제만이 아니라, 종교 전통에 스며 있어서 그 전통을 통해 자라나는 이데올로기를 비판하는 과제도 안고 있다. 권력은 명확하지 않고 애매하다. 따라서 신학은 하느님, 인간, 자연을 섬기는 일에서 자기비판을 소홀히 해서는 안 된다.

2. 신학적 접근의 네 가지 요소

그리스도교 신학의 과제는 이러한 도전들 앞에서 그리스도교적 비전과 정체성을 정교하게 표현해 내는 것이다. 이 비전은 하느님과 그리스도에 관한 담론뿐만 아니라 다른 공동체와의 관계 속에 있는 그리스도교 공동체에 관한 담론도 아우른다. 이러한 복잡한 과제는 임의적인 것이 아니라 다양한 기준을 수반한다.

재구성적 해석학: 전통의 온전성

그리스도교적 비전과 정체성을 정교하게 다듬어 표현하는 작업에는 그리스도교 공동체의 전통, 성서, 신조, 공의회, 실천, 과거의 성찰을 해석하는 작업을 비롯하여 많은 요소가 포함된다. 또한 그리스도교 공동체의 전통을 철학적·과학적 담론과 연관 짓고, 세상

속에서 지속되는 신앙의 경험 및 실천과 연관 짓고, 그리스도교 공동체와 상호 작용하는 다른 담론 공동체와 연관 짓는 시도도 포함된다.

성서와 전통

그리스도교 공동체의 과거를 해석하는 일은 그 공동체가 지닌 전통의 권위를 해석하는 일을 수반한다. 전통의 권위라는 맥락에서 성서의 역할과 성서와 전통의 관계는 종교개혁 이후 중요한 쟁점이 되었다. 이 문제는 제2차 바티칸 공의회를 통해 새롭게 중요하게 떠올랐다. 이러한 쟁점이 다시 떠오르게 한 중요한 계기는 초기 그리스도교 저술가와 초기 교회의 전례를 역사적으로 치열하게 탐구하고 역사비평 연구를 성서에 적용한 것이다. 로마 가톨릭교회 내에서 일어난 성서 운동은 가톨릭 영성과 교회 생활과 교리에서 성서가 중요하다는 점을 보여 주었다. 이 운동은 종교개혁의 '오직 성서'와 관련된 트리엔트 공의회의 가르침을 재검토하게 만들었다.

전통에 관해서는 두 가지 기본 입장이 나왔는데, 요제프 가이젤만과 요제프 라칭거의 논쟁이 이를 잘 보여 준다. 가이젤만의 주장에 따르면 전통은 성서가 살아서 현전하는 것이다. 전통은 성서에 무언가를 덧붙인 것이 아니라, 성서를 교회의 생생한 현전으로 번역해 온 것이다. 가이젤만은 성서와 전통의 관계에 대한 트리엔트 공의회의 입장을 세심하게 해석하여 자신의 논지를 강조하려 했다. 그는 모든 시대가 성서와 관계 맺고 있다고 주장한다.[12]

라칭거는 두 가지 측면의 주장을 제시하는데, 이는 우리가 전통을 이해하는 데 중요하다. 첫째, 가이젤만의 입장은 신약성서 이후 시대에 속한 초기 그리스도교 저술가들이 전통에서 차지하는 역할을 최소화함으로써 전통을 탈역사화한다. 이는 역사적 토대의 공백이 전통을 부정하는 근거가 되지는 않는다는 점을 간과한 것이다. 1854년과 1950년의 교의*는 로마 가톨릭의 전통 이해에 영향을 미쳤는데, 이들 교의는 다음과 같은 점을 전제하고 있다. 즉, 역사적 증명이란 어떤 교의를 교회가 시작될 때부터 명시적으로 믿었음을 증명해야 한다는 의미가 아니며, 우리가 교회의 단면에서 때때로 그렇게 믿었다는 점을 발견할 수 있으면 된다는 것이다. 라칭거는 실제로 "온 교회가 계시된 것으로 붙드는 것은 **실로** 계시된 것이며, 교회의 참된 전통에 속한다"고 주장한다.[13] 역사비평적 방법은 신앙을 성서로 환원하여, 신약성서 시대 이후 교회의 중요성을 제거한다.

12 Joseph Rupert Geiselmann, "Das Konzil Trient über das Verhältnis der Heiligen Schrift und der nicht geschriebenen Traditionen," in *Die mündliche Überlieferung*, ed. Michael Schmaus (Munich: Kösel, 1957); idem, *The Meaning of Tradition* (New York: Herder & Herder, 1966).

● 옮긴이 주: 원죄 없으신 잉태(1854)와 성모 승천(1950)을 말한다.

13 Ratzinger, *Principles of Catholic Theology*, 139. 또한 다음을 보라. Albert Lang, *Der Auftrag der Kirche* (Munich: Hueber, 1962), 2:290-92; Joseph Ratzinger, "Revelation and Tradition," in Karl Rahner and Joseph Ratzinger, *Revelation and Tradition*, ed. Karl Rahner and Joseph Ratzinger (New York: Herder & Herder, 1966).

둘째, 라칭거는 트리엔트 공의회가 정립한 전통에 대한 이해가
사실 매우 미묘하고 복잡했음을 보여 준다. 트리엔트 공의회는 전
통 개념 안의 다양한 층위를 강조하기 위해 성령론적 관점, 전례적
관점, 교리적 관점을 결합했다. 계시는 단순히 성서에만 기록된 것
이 아니라 그리스도인들 마음에도 새겨져 있다. 따라서 성령은 공
의회 활동과 전례 활동을 포함한 교회의 삶 전체를 통해 말씀하신
다. 전통에 관한 트리엔트 공의회의 가르침은 그리스도 안에서 하
느님의 계시가 "역사적 사실들 속에 성취되었으나, 일단 성취된 것
은 교회의 신앙 속에서 영원히 살아서 효력을 발휘하므로 오늘날
에도 영속적 실재를 지니며, 그리스도교 신앙은 결코 과거의 것만
을 가리키지 않고 현재의 것과 장차 올 것을 똑같이 가리킨다"는
점을 확언하려 했다.[14]

전통의 해석학

그리스도교 교회 안에는 전통이 현존하고 또한 전통은 중요하
다. 따라서 전통이 계속 발전하며 그 온전함이 끊임없이 재구성된
다는 점과 관련하여 적절한 전통 해석 방식에 관한 문제가 제기된
다. 신앙교리성성 문헌 『교회의 신비』(*Mysterium ecclesiae*)는 언어
적 범주, 역사적 맥락화, 불완전성, 세계관이 중요하다는 점을 지적

---

14   Joseph Ratzinger, "On the Interpretation of the Tridentine Decree on Tra-
dition," in Rahner and Ratzinger, *Revelation and Tradition*, 65.

하는데, 이는 전통의 역사성을 인정하는 것이다. 그래서 전통을 역사적·언어적으로 조건 지어진 신앙의 확언으로 보지 않고 주로 진리의 근사치로 보는 입장을 비판한다. 그런 입장은 신플라톤주의적인 방식이다. 전통에 대한 해석은 전통이 담고 있는 확언의 의미뿐만 아니라 그 역사성까지도 고려해야 한다.

전통의 본성에 대한 몇 가지 기본적 오독을 피하는 것이 중요하다. 그러한 오독들은 전통을 정적으로 고정된 정체성/동일성으로 보거나, 혹은 퇴보나 점진적인 발전으로 본다. 이들 각각의 관점은 전통의 일면을 포착하고 있기는 하다. 하지만 각기 특정한 측면을 잘못 확대하여 전통 전체에 관한 총체적 관점으로 간주한다.

첫째, **정적인 정체성**을 확언하는 관점에서는 퇴보도 발전도, 변화도 성장도 일어나지 않는다. 대신 전통은 과거에도 그러했고 현재도 그러하며 앞으로도 그럴 것이라는 확언으로 나타난다. 이러한 관점은 변화와 발전이 없다고 확언함으로써 전통의 가치를 고착시키고자 한다.

두 번째 극단은 전통을 순수했던 기원으로부터의 **퇴보**로 본다. 이는 로마 가톨릭 신학 계열보다는 알브레히트 리츨의 형이상학 비판에 영향을 받은 자유주의 신학의 흐름에서 더 흔하게 접할 수 있지만, 가톨릭 진영에서도 볼 수 있다. 이 관점은 성서 이후의 시기를 퇴보의 시기로 간주한다. 교리의 발전이나 교회의 제도적 성장과 발전은 순수했던 성서적 은총의 선물(charism)로부터의 이탈인 것이다. 오늘날 어떤 이들은 이러한 퇴보의 시작을 신약성서 안에서 찾기도 한다. 그들은 역사적 예수나 초기 그리스도교 공동체가 그리스도에 대한 신앙을 해명한 방식과, 초기 가톨릭주의를 대표하는 후대의 조직화된 구조의 발전을 날카롭게 구분하려 한다. 이 견해는 예수님을 증언한 초기 신약성서의 증언이 원초적으로 중요함을 올바르게 파악한다. 그러나 이는 그리스도교 공동체 초기 수 세기 동안의 발전이든 중세와 근대의 발전이든, 후대의 발전도 중요하다는 점을 간과하고 있다. 그리스도교의 본질이 기원의 고고학으로 환원되어서는 안 된다.[15]

셋째, 전통을 **점진적 발전**이나 진화로 보는 관점은 대개 유기체적인 전통 모델을 전제한다. 모든 발전은 점진적인 개선으로 여겨진다. 이러한 관점은 왜곡 가능성을 무시한다. 이전 그리스도교 시대들과 현재의 관계가 아동기·청소년기와 성숙기의 관계 같은 것이 아님을 인정하는 것이 중요하다. 왜냐하면 이전 단계의 비동시성은 현대의 발전이 안고 있는 편견들에 진정한 이의를 제기할 수 있기 때문이다.

전통의 온전성

전통을 해석할 때 그리스도교 신앙의 원리 개념과 토대 개념을 구분하는 것이 중요하다. 도덕 철학과 인식론에서는 원리와 토대

---

15 Joseph Ratzinger, *Das Problem der Dogmengeschichte in der Sicht der katholischen Theologie* (Cologne: Opladen, 1966).

의 구분을 흔하게 사용한다.[16] 노예제를 예로 들어 그리스도교 전통과 관련하여 이러한 구분을 설명할 수 있을 것이다. 오늘날 그리스도인으로서 우리는 노예제가 잘못이며 그리스도인이면서 노예제를 옹호할 수 없다고 확언한다. 그러나 노예제 금지를 그리스도교의 토대적 기원으로 거슬러 올라가서 찾아낼 수는 없다. 오히려 그 반대다. 그럼에도 불구하고 오늘날 노예제와 그리스도교의 양립 불가능성은 그리스도교 신앙과 도덕의 원리다.

전통은 무엇을 전형적인 것이라 할 수 있는지, 무엇을 전통의 비전이나 '본질'이라 할 수 있는지를 끊임없이 재구성하는 방식으로 발전하고 변화한다. 전통이 이렇게 발전하고 변화하는 방식은 정적인 정체성, 퇴보, 점진적 발전이라는 범주로 적절히 다룰 수 없다. 그 대신 무엇이 전형적인 전통의 비전인지에 관한 이해가 끊임없이 재구성된다. 이러한 재구성에서 배경 이론, 귀추적 보증, 담론 공동체가 중요한 역할을 한다. 이것들은 이어지는 각각의 단락에서 더 자세히 설명할 것이다. 간략히 말해 배경 이론은 세계와 과학에 관한 암묵적 가정들, 곧 철학적인 가정이나 과학적인 가정이다. 귀추적 보증은 현재의 실천과 경험을 가지고 역으로 거슬러 올라가서 해석이나 가설에, 그리고 그 해석이나 가설의 타당성에 영향을 미치는 방식을 가리킨다. 마지막으로 담론 공동체 개념은 의미

16 다음을 보라. Alan Donagan, *The Theory of Morality* (Chicago: University of Chicago Press, 1977).

와 평가가 추상적 인간 이성의 형태라는 맥락에서 이루어지지 않고, 특정한 역사적 전통과 언어 공동체의 맥락에서 이루어진다는 사실을 가리킨다.

배경 이론

배경 이론(background theory)이라는 용어는 현재 과학 철학과 윤리 이론 분야에서, 검토된 가설과 판단에 영향을 미치는 암묵적 이론들을 가리키는 데 사용된다. 이 용어는 과학 철학에서 유래했다. 앙리 푸앵카레는 기하학을 실질적·구체적으로 적용할 때 필연적으로 가정해야만 하는 물리 현상에 관한 가설을 기술하기 위해 **보조 가설**(auxiliary hypotheses)이라는 용어를 고안했다. 만일 가설과 관찰 결과가 일치하지 않는다면, 다른 공리를 채택하거나 보조 가설을 수정함으로써 정합성에 이른다. 윤리 이론의 영역에서 윤리 원리를 실천에 적용하는 일은 인간 본성이나 인간 사회와 관련된 배경 관념을 수반한다. 일반적으로 누구나 일종의 배경 이론을 이용하지만, 구체적인 이론은 사람마다, 시대마다 다르다.

역사적 고찰

배경 이론은 암묵적이므로 명시적으로 성찰하지 않은 채 전제되거나 가정되는 경우가 많다. 그러므로 신학 방법론을 성찰할 때 암묵적 배경 이론들이 존재한다는 점에 주의를 기울이는 것이 중요하다. 종교 전통의 의미에 관한 판단으로서 그리스도교적 정체성이나 로마 가톨릭적 정체성에 관한 판단은 자기 자신, 사회, 세계에 관한 암묵적 배경 이론뿐만 아니라, 과거 전통과 현재 경험을 해석하는 수단과 방법에 관한 암묵적 배경 이론에 의존하는 경우가 빈번하다. 이러한 배경 이론은 자신의 그리스도교적 정체성 혹은 가톨릭적 정체성에 관한 판단에 영향을 미치며, 마찬가지로 정체성에 관한 자신의 판단은 다양한 배경 이론의 성격과 적절성에 대한 자신의 평가에 영향을 미친다.

앞서 신학 방법론의 역사를 논하면서 특정 배경 이론들을 언급했다. 아우구스티누스의 그리스도교 교리 이해는 신플라톤주의의 기호 이론, 내적 조명 개념, 자기초월을 전제하고 있었다. 아퀴나스의 거룩한 교리 이해는 아리스토텔레스의 학문 분류, 종속 학문 개념, 원인성의 설명적 역할을 전제했다. 칼 라너는 경험과 언어에 대한 초월적 이해를 전제했을 뿐만 아니라, 인간 현존재(거기-있음)의 실존에 관한 하이데거의 분석도 전제했다. 현대 해석학 이론은 고전, 은유, 내러티브에 관한 논의에서 초월적 접근법과는 다른 언어와 경험 사이의 관계 이해를 전제하고 있다.

조직적 고찰

버나드 로너간은 철학적 배경 이론의 현대적 전환을 기술했다. 즉, 논리에서 방법으로, 본질에서 체계로, 형식적·실질적 대상에 따른 학문 분류에서 영역과 방법에 따른 분류로, 필연적 연역에서 개연적 추론으로, 능력 심리학에서 지향성 분석으로의 전환으로 현대적 전환을 기술했다. 논리에서 방법으로의 전환은 신학을 지속적인 수정과 교정의 과정으로 보는 이해를 함의한다.[17]

　나는 신학을 다양한 요소—전통에 대한 재구성적 해석학, 유관한 배경 이론, 귀추적 보증, 담론 공동체로서의 공동체—를 포괄하는 것으로 기술하는데, 이는 논리에서 방법으로의 전환이라는 로너간의 기본 기술과 일치한다. 이는 신학의 조직적 과제의 본질적 요소 중 하나가 다양한 배경 이론과의 관계 속에서 신학적 성찰을 해명하는 것임을 시사한다. 그런 이론은 매우 다양하다. 유관한 배경 이론을 몇 가지 언급하자면, 인간 본성에 관한 철학 이론, 사회 정의에 관한 윤리 이론, 인격 발달에 관한 심리학 이론, 우주의 기원에 관한 과학 이론, 인간 인식에 관한 인식론, 해석에 관한 문학 이론이 있다. 각 이론은 신학 발전에 일정 역할을 할 수 있다.

　반성적 평형 개념은 그리스도교 전통에 대한 해석과 관련 배경 이론에 대한 해석이 상호작용하여 신학적 성찰이 부분적으로 진전된다는 제안을 담고 있다. 교정은 상호적이다. 배경 이론이 전통의 해석에 영향을 미치는 것은 너무 당연하다. 과학의 진화 이론과 문

17　그럼에도 불구하고 나의 제안이 광범위한 반성적 평형(broad reflective equilibrium)의 방법을 제시한다는 점에서, 로너간이 강조하는 것보다 지향성 분석과 인식 구조에 대한 초월적 분석을 덜 강조한다. 그 대신 인간 주체성과 그 인식 구조에 대한 그러한 분석들이 여러 배경 이론 중 하나를 제공한다고 제시한다.

학의 장르 이론은 창세기 창조 기사 해석에 영향을 미쳤다. 그리스도교의 인간 존엄성에 관한 이해는 인간 발달에 관한 심리학 이론을 평가하고 수용하는 데 영향을 미쳤다. 상호 영향은 때때로 쌍방향이다. 가난하고 소외된 이와의 연대라는 성서의 개념은 사회 정의 이론들, 이를테면 사회의 최소 수혜자에게 권리를 부여하는 '차등의 원칙' 개념과 연관된다.[18]

배경 이론과 그리스도교 전통 해석의 관계에 관한 모든 고찰은 문화의 역사성과 사회의 다원성을 고려해야 한다. 그래서 무비판적으로 하나의 배경 이론을 무류한 규범으로 수용하는 일이 없어야 한다. 그것이 인간 지향성에 관한 최신 현상학 이론이든, 인간 인식 구조에 관한 가장 최근의 인식론 이론이든, 성차에 관한 최신 인류학적·심리학적 설명이든 간에 말이다. 우리 문화의 과학적, 철학적 관점도 실로 역사적으로 조건 지어져 있고, 수정될 수 있다. 이러한 배경 이론—아리스토텔레스의 덕 이론이든, 주관성에 관한 후설의 설명이든, 특수주의와 상대주의를 옹호하는 최신 철학 이론이든—을 무류한 기준으로 삼는 근대주의적 신학은 문화의 역사성을 제대로 이해하지 못한 결과다.

---

18   Francis Schüssler Fiorenza, "Politische Theologie und liberale Gerechtig-keits-Konzeption," in *Mystik und Politik: Johann Baptist Metz zu Ehren*, ed. Edward Schillebeeckx (Mainz: Grünewald, 1988), 105-17.

귀추적 보증

귀추적이라는 용어와 **귀추적 보증**(retroductive warrants)이라는 용어는 일반적으로 쓰이는 말이 아니다. 그러나 이 용어는 현대 과학 철학, 인식론, 윤리학의 최근 방법론적 논의에서 특수한 의미가 있다. 그리고 신학적 방법론과도 특정한 연관이 있다. '귀추적 보증'이라는 용어의 의미는 다양한 층위로 설명될 수 있다. 예컨대 현대 과학 철학의 용례, 뉴먼의 추론 감각, 억압받는 이들의 해석학적 역할에 호소하는 해방신학, 라너의 간접적 신학 방법이 이를 설명해 준다.

이론적·실천적 생산성

과학 철학의 인식론에서 귀추적 보증은 가설, 개념, 이론의 다산성과 관련된다.[19] 즉, 가설이나 이론이 과학적 기획을 진척시킬 수 있는 능력을 의미한다. 귀추적 보증은 실험적 정당화와는 다르다. 귀추적 보증은 귀납적 확증이라기보다는, 이용 가능한 모든 증거를 상상력을 동원하여 해석하는 데서 흘러나오는 이론적·실천적 생산성에 더 가깝다. 어떤 보증이 귀추적이라는 것은 그것이 현상에 대해 가장 타당하고 포괄적인 설명을 제공하고, 예상치 못한 뜻

---

19 다음을 보라. Ernan McMullin, "The Fertility of Theory and the Unit for Appraisal in Science," *Boston Studies in the Philosophy of Science* 39 (1976): 395-432.

밖의 현상을 설명해 주며, 과학적 노력이 실천적으로 전진할 수 있게 해 줄 때에 한해서다.

이러한 이론적·실천적 생산성은 전망적이면서 동시에 회고적이다. 좋은 이론이 새로운 현상, 즉 설명될 데이터에 속하지 않은 현상을 예측한다는 점에서 전망적이다. 예상치 못한 새로운 현상들이 더 많이 예측되고 설명될수록 그 이론이 더욱 타당한 것으로 평가된다. 이러한 생산성은 이론이 단지 임시 방편적 설명에 그치지 않게 한다. 또한 과거의 데이터와 현상을 더 잘 조직하고 통합하고 설명하는 데 더 큰 도움을 줄 수 있다는 점에서 회고적이기도 하다.

최근에 과학 철학자 어넌 맥멀린은 과학자가 이론을 전개하는 과정을 시인이 은유를 전개하는 과정에 비유했다.[20] 시인은 함축이 아니라 암시를 통해 은유를 전개한다. 은유는 그전에 이해되지 않은 것을 탐구하며, 창조적 암시를 통해 과거·현재·미래의 경험을 조명한다. 내가 볼 때 신학의 상황도 이와 유사하다. 신학 이론은 단순히 함축이나 상관관계에 의해서가 아니라, 공동체의 과거·현재·미래의 경험을 조명하는 창조적 암시를 통해 진전된다. 공동체가 지속적 경험과 관련하여 자기 전통을 전진시키고 재구성할 수

20　Ernan McMullin, "The Motive for Metaphor," *Proceedings of the American Catholic Philosophical Association* 55 (1982): 27-39; idem, "A Case for Scientific Realism," in *Scientific Realism*, ed. Jarrett Leplin (Berkeley: University of California Press, 1984), 8-40, 특히 26-35.

있게끔 신학적 성찰이 창조적 은유를 제공할 때, 신학적 성찰은 진전된다.

추론 감각

경험에서 비롯되는 귀추적 보증이라는 개념은 존 헨리 뉴먼의 추론 감각(illative sense) 개념으로도 설명될 수 있다.[21] 이 추론 감각 개념은 특히 20세기 로마 가톨릭 기초신학에(특별히 라너와 로너간에게) 영향을 미쳤다.[22] 뉴먼은 추론 감각 개념을 통해, 추상적 이성 개념이나 엄격히 형식적인 방법·논증 개념에 대한 현대의 신실용주의적·해석학적 비판 중 상당 부분을 선취했다. 근대 실용주의 철학자들은 절대적 회의에서 출발하는 데카르트식 토대론을 비판해 왔다. 추론 감각은 뉴먼의 시도로 대표된다. 뉴먼은 추상적 출발점을 비판하고, 종교를 감정이나 정서의 문제로 환원하는 것과 논증을 형식 논리나 연역 추론으로 환원하는 것 사이에서 중간노선을 취하려 했다. 그는 자신이 추론 감각이라고 명명한 것을 설명하기 위해, 아리스토텔레스의 현명한 실천 판단(*phronesis*) 개념을 차용했다. 그러나 이 추론 감각은 아리스토텔레스가 현명한 지식

---

21   John Henry Newman, *An Essay in Aid of a Grammar of Assent* (Oxford: Clarendon, 1985), 특히 8-10장.

22   다음을 보라. Thomas J. Norris, *Newman and His Theological Method* (Leiden: Brill, 1977); Avery Dulles, *Newman* (New York: Continuum, 2002).

을 실천 지식의 영역에만 국한했던 것을 넘어서, 이론적 차원을 지닌다.[23] 탐정, 농부, 학자는 각자의 반성적 직관에 근거하여 판단을 내린다. 이러한 판단들은 그들의 경험 및 성격과 관련된다.

종교적 판단은 도덕적 판단과 유사하다. 둘 다 단지 추상적 논리의 산물이 아니라 실천적 사고에서 비롯된다. 실천적 사고가 학습된 경험에 기반하듯이, 도덕적 지식과 윤리적 경험 사이에도 연관성이 존재한다. 그래서 추론 감각은 개인의 경험 및 성격과 연관된다. 개인의 경험과 성격은 합리적으로 생각하여 판단을 내릴 때 그 시작부터 과정에서 결론에 이르기까지 영향을 미친다. 요컨대 실천적 경험은 사람이 어떤 존재가 될지를 결정한다. 그리고 실천적 경험은 자신이 누구인지에 영향을 미칠 뿐만 아니라, 원리를 선택하는 것에서부터 논증 방식, 결론 구성에 이르기까지 추론 과정 전체에 영향을 미친다.

억압받는 이들의 해석학적 역할

성격과 경험이 사유를 결정한다는 점—이는 추론 감각의 실례가 된다—은 다양한 해방신학에서 구체적으로 설명된다. 해방신학은 억압받는 이의 경험에 해석학적 중요성을 부여한다. 억압당한 경험은 전통을 읽고 해석하고 적용하는 방식에 영향을 미친다.

---

23 Gerard Verbeecke, "Aristotelian Roots of Newman's Illative Sense," in *Newman and Gladstone Centennial Essays*, ed. James D. Bastable (Dublin: Veritas, 1978), 177-95.

억압당한 경험은 귀추적 보증으로 기능한다. 곧 흔히들 당연하게 여겨 온 것에 도전을 가한다는 점에서, 역사의 이면에서 본 역사에 대한 관점을 제공한다는 점에서, 전통에 대한 새로운 재해석과 재적용을 제안한다는 점에서 그렇다.[24]

두 가지 예가 억압당한 경험의 귀추적이며 회고적인 특성을 잘 보여 줄 것이다. 첫 번째 예는 페미니스트 신학을 통해 전면에 부각된 것이다. 고전 신학은 항상 모든 인간의 범주를 뛰어넘는 하느님의 초월성을 강조했고, 하느님께 인간의 범주를 적용하는 일을 상대화하는 유비 이론을 발전시켰다. 예를 들어 제4차 라테란 공의회는 하느님과 피조물 사이의 모든 유사성에는 유사성보다 훨씬 더 큰 비유사성이 있다고 확언했다.[25] 그럼에도 널리 퍼진 그리스도교의 종교 심상에는 하느님을 표현할 때 남성적 언어와 은유가 여성적 은유보다 큰 비중을 차지해 왔다. 남성의 부성을 창조의 원리로 보고 하느님의 창조성과 연결했고, 따라서 이러한 관행이 철학적으로 정당화되었다. 오늘날 페미니스트 신학의 영향으로 우리는 성서와 고전 신학의 속성에서 남성적이지 않고 가부장적이지 않은 하느님 이미지를 복원하기 시작했다.[26] 이처럼 여성의 경험은

---

24 다음을 보라. Lee Cormie, "The Hermeneutical Privilege of the Oppressed," *Catholic Theological Society of America, Proceedings* 33 (1978): 155-81.

25 Denzinger-Schönmetzer, *Enchiridion symbolorum*, 806: "창조물과 피조물 사이의 유사성을 긍정하려면 훨씬 더 큰 비유사성을 긍정하지 않을 수 없다"(나의 번역).

26 Elizabeth Johnson, "The Incomprehensibility of God and the Image of

무수히 많은 이해할 수 없는 하느님 이미지를 복원하고 재구성하며 새롭게 구성해 가는 데 귀추적 보증으로 작용한다. 그리스도교에 중요한 사건 또 하나는 홀로코스트다.[27] 그리스도교 전통은 수 세기 동안 유대교 정체성을 그리스도교 정체성과 구별하고자 자주 부정적이며 반유대주의적이고 반유대교주의적인 언어, 은유, 논증을 사용했다. 홀로코스트 경험은 그리스도인들이 유대인에게 적대적이거나 모욕적이지 않은 방식으로 자기 정체성을 이해하도록 추동하는 귀추적 보증으로 기능한다.

간접적 방법

칼 라너는 뉴먼의 추론 감각을 참고하여 기초신학에 "간접적 방법" 개념을 도입했다.[28] 라너는 역사적 논증의 중요성을 인정하면서도 역사적 논증을 간접적 방법으로 보완할 필요가 있다고 주장한다. 이러한 간접적 방법은 부분적으로는 형식적인 초월적 고찰에 호소하고, 부분적으로는 실천적 경험에 호소한다. 그리스도인

God Male and Female," *Theological Studies* 45 (1984): 441-65; idem, *She Who Is* (New York: Crossroad, 1992); idem, *Quest for the Living God* (New York: Continuum, 2007). 언어학적, 구성적, 실용적인 신학 접근 방식으로 하느님 이미지를 어머니, 사랑하시는 분, 친구로 보는 조직적 복원에 관해서는 다음을 보라. Sallie McFague, *Models of God: Theology for an Ecological, Nuclear Age* (Philadelphia: Fortress, 1987[국역본: 『어머니·연인·친구: 생태학적 핵 시대와 하느님의 세 모델』, 뜰밖).

27   다음을 보라. Johann Baptist Metz, *The Emergent Church*, 17-33.

28   Rahner, *Foundations of Christian Faith*, 8-10, 346-68.

은 자신이 그리스도인으로서 경험한 것에서 출발하여, 특정한 역
사적 신앙 내용들에 관한 고찰로 되돌아간다. 간접적 방법은 신학
적 논증의 기준이 단순히 역사적이거나 귀납적이거나 연역적인 것
에 그치지 않고, 실천적·경험적 차원도 지닌다는 점을 전제한다.
이 접근법은 귀납이나 역사적 논증보다 더 규정하기 어렵지만, 그
리스도인의 경험과 실천에서 자신의 공동체와 전통에 대한 해석으
로 나아간다. 라너가 볼 때 이 간접적 방법은 역사의 우연성들 속
에서 하느님의 현전을 향한 실천적 이성의 결단이다.[29]

신학과 교회 공동체

이같이 다양한 차원의 귀추적 보증은 신학이 이론-실천적 분야임
을 보여 준다. 신학은 현명하게 고찰한 판단을 수반한다. 이러한
현명한 판단의 근거는 전통에만 있지 않고 계속되는 경험에도 있
다. 기준의 다원성, 경험의 실천적 차원, 판단의 현명한 성격은 최
종 고찰로 이어진다. 곧 '누구의 판단인가?' 하는 물음이다. 신학
방법론의 문제는 단순히 학문적 전문성이나 개인적 의견의 문제가

---

29 라너는 뉴먼의 추론적 감각을 로욜라의 이냐시오의 결정의 신학과 연결하고자
한다. 다음을 보라. "Reflections on a New Task for Fundamental Theology,"
in *Theological Investigations* (New York: Crossroad, 1979), 16:156-66.

아니다. 신학은 공동체―담론의 공동체이자 신앙의 공동체―와 관련된다.[30]

로마 가톨릭은 신학이라는 학문과 교회 공동체 사이의 관계에 주목한 오랜 전통이 있다. 이 유서 깊은 전통은 로마 가톨릭 신학이 진정 로마 가톨릭 신학이려면 '가톨릭적'(즉, 보편적)이어야 하며 로마 주교와 일치해야 한다고 확언한다. 로마 가톨릭의 정체성은 '공교회성/보편성'(catholicity)이라는 측면과 로마 주교와의 일치라는 측면에서 정의되어 왔다. 이 전통은 실제로 이 두 가지가 서로 얽혀 있다고 확언한다. 개인, 공동체, 신학자, 혹은 신학교가 로마 주교와의 친교에서 분리된다는 것은 로마 가톨릭 교회로부터의 이탈을 뜻하며, 따라서 그 개인이나 집단의 공교회성을 상실한다는 의미다.

로마 주교와의 친교의 중요성은 종종 달리 표현하여 로마 교도권에 대한 순종의 확언이라고도 한다. 그러한 확언이 로마 가톨릭의 한 가지 핵심 확언을 표현하기는 하지만, 그것만으로는 신학이라는 학문 분야와 교회 공동체 사이의 관계나 신학 자체의 본성을 온전히 담아내지 못한다. 그러한 견해는 다른 고려 사항들로 보완될 필요가 있다. 즉, 교회 내 교도권의 본성, 교회 안에서 이의를 제

30　다음을 보라. Francis Schüssler Fiorenza, "Foundations of Theology: A Community's Tradition of Discourse and Practice," *Proceedings of the CTSA* 41 (1986): 107-34.

기할 가능성과 표현의 자유, 교도권 자체가 신학을 수행하는 방식에 관한 방법론적 문제를 고려하여 보완되어야 한다.[31] 첫 번째와 두 번째 쟁점은 에이버리 덜레스가 쓴 신앙과 계시에 관한 장과 마이클 페히가 쓴 교회에 관한 장에서 다루어질 것이므로, 여기서는 세 번째 쟁점에 초점을 맞출 것이다.*

신학 방법론과 관련하여 보면, 신학과 교도권의 관계 문제는 상보적이면서도 실제로 기본적인 방법론적 물음, 곧 '교도권은 어떻게 신학을 수행하는가?' 하는 물음을 수반한다. 전통이 새로운 배경 이론, 새로운 경험, 그리고 전통 자체 안의 갈등으로 도전받는 만큼, 근본적인 방법론적 질문은 다음과 같다. 교도권은 이러한 도전에 어떻게 대처해야 하며, 또한 어떻게 대처하고 있는가? 예를 들어, 19세기에는 진화론이 점점 받아들여지고 다윈주의적 견해들의 영향력이 커지면서, 하느님의 인간 창조에 관한 전통적 믿음이 도전받는 것처럼 보였다. 진화론은 언뜻 보기에 최초의 인간 한 쌍 창조에 관한 성서의 기록을 불신하게 만드는 듯했다. 또한 진화론은 인간 본성에 관한 아리스토텔레스의 목적론적 설명을 무효화하고 인간 본성의 특별한 '존엄성'에 도전하는 것으로 보였다. 지난 반세기 동안 일부 성서주의자(biblicist)나 근본주의자 집단을 제외

---

31 교도권을 다룬 다음의 책이 도움이 될 것이다. Francis Sullivan, *Magisterium: Teaching Authority in the Catholic Church* (New York: Paulist, 1983).

* 옮긴이 주: 이 책은 *Systematic Theology: Roman Catholic Perspectives* 중 제1장만 번역한 것이므로 다른 장은 포함하고 있지 않다.

하면, 로마 가톨릭의 가르침은 진화론을 거부하지 않는 방향으로 바뀌었다. 창세기를 구성하는 다양한 문학 장르와 전승을 인정했으며, 신적 창조에 관한 그리스도교의 믿음을 진화론 및 성서 텍스트에 대한 역사비평적 분석과 통합하고자 노력해 왔다.

이러한 전환은 여러 일선을 마주하여 일어났다. 인류 진화에 관한 과학 이론의 영향력 증대, 창세기 기록을 이해하는 데 문학 양식을 적용하는 방식에 대한 수용 증가, 아리스토텔레스의 생물학과 목적론 개념이 다른 철학적·생물학적 인간 본성 개념들로 대체되는 현상이 있었다. 로마 가톨릭 신학에서 테이야르 드 샤르댕과 칼 라너의 영향으로 인해, 로마 가톨릭에서는 인간을 격하시키는 환원주의적인 방식이 아니라 인간을 고귀하게 하는 방식으로 진화를 이해할 수 있었다. 이로써 신적 창조에 대한 믿음과 진화에 대한 확신을 결합할 수 있게 되었다. 처음에는 이러한 시도에 어느 정도 저항이 있었다. 바티칸 교황청 성서위원회는 역사비평적 방법에 대해 부정적이진 않더라도 조심스러운 태도를 보였다가 보다 긍정적으로 수용했다. 이러한 변화는 전통을 재해석하는 데 일정 부분 기여했다. 그리고 인류 기원에 관한 새로운 과학적 배경 이론과 창조에 관한 그리스도교 신앙을 통합할 수 있게 해 주었다. 이러한 예는 신학과 신학 방법에 관한 모든 설명이 교회 안에서 변화(연속성과 불연속성을 함께 수반하는 변화)가 일어나는 방식을 포함하여 설명해야 한다는 점을 보여 준다. 교회의 공식적인 교도권 진술에서뿐만 아니라, 교회 전반에서 그래야 한다. 이 폭넓은 문제는 교회 내 교도권의 역할이라는 민감하고 어려운 교회론적 물음의 밑바탕을 이룬다. 이는 교회 내 권위의 본질 문제와 완전히 분리되지는 않지만 구분되는 문제다.

20세기 로마 가톨릭 교회 역사가 중 매우 잘 알려진 인물인 후베르트 예딘은 트리엔트 공의회 전문가인데, 그는 신학 수행과 가르치는 직무 내지 교도권 수행이 가톨릭 역사 전반에 걸쳐 실제로 어떻게 공존해 왔는지에 대해 유익한 개관과 유형론을 제시한다. 예딘은 로마 가톨릭 교회의 역사에서 가르치는 직무 수행에 관한 역사적으로 상이한 다섯 가지 모델을 기술함으로써, 종종 간과되어 온 역사적 사실들을 부각하고, 로마 가톨릭 공동체가 이 각각의 역사적 모델에 내재한 편중성과 잠재적 약점을 극복하기 위해 힘써야 한다고 제안한다.[32]

1. 초기 그리스도교 고전 시대에는 중요한 예외적 인물 몇 명(테르툴리아누스, 오리게네스, 알렉산드리아의 클레멘스)을 제외하면 선도적인 신학자는 주교였다. 서방의 암브로시우스와 아우구스티누스가 주교-신학자였고, 동방의 대 바실리우스, 나지안주스의 그레고리우스, 닛사의 그레고리우스, 요한 크리소스토무스, 알렉산드리아의 키릴루스도 주교-신학자였다. 가르치는 권위는 개별적으로도 행사되었고 또한 주교 시노드와 공의회를 통해서도 행사되었다.

---

32 Hubert Jedin, "Theologie und Lehramt," in Remigus Bäumer, ed., *Lehramt und Theologie im 16. Jahrhundert* (Münster: Aschendorff, 1976), 7-21.

2. 중세 초기에는 투르의 베랑제의 경우에서 볼 수 있는 실체 변화 논쟁이 교리 문제에 관한 교도권의 판단과 결정의 전형적 사례를 제공한다. 먼저 파리(1051)와 투르(1054)의 지역 시노드에서 베랑제의 성체 이해 방식을 평가한 후 거부하였다. 이어서 사안이 로마 주교에게 회부되었고, 로마 시노드에서 논의되었다. 마지막으로 가장 크고 보편적인 시노드인 제4차 라테란 공의회에 회부되었다. 여기에는 세 단계가 있다. 바로 지역 시노드, 로마 시노드, 그리고 교황이 소집하고 주재한 보편 시노드인 공의회다.

3. 14세기와 15세기에는 대학 신학부의 중요한 역할이 분명하게 드러난다. 예딘이 언급했듯이 "중세 후기 대학의 신학부, 특히 소르본 신학부는 아주 분명하게 교도권적 기능을 수행한다. 대학의 신학부는 자신들이 인지했거나 혹은 자신들에게 회부된 신학적 오류들을 정죄한다."[33] 교황 인노첸시오 3세 이래로 보편 공의회의 교령들은 법학부에 전달되어 교육 내용이 되어야 비로소 법적 효력을 얻었다.[34] 대학의 신학부는 교회 내에서 가르치는 직무를 수행했을 뿐만 아니라, 주교 및 수도원장과 함께 단체로서 공의회에 초청받았다. 콘스탄츠 공의회에서는 신학 박사들과 교회법 박사들이 투표권을 가진 구성원에 포함되었다. 그들의 투표권이 갖

---

[33] Ibid., 12.

[34] Knut Wolfgang Nörr, "Päpstliche Dekretalen und römisch-kanonischer Zivilprozess," Walter Wilhelm, ed., *Studien zur europäischen Rechtsgeschichte* (Frankfurt: Klostermann, 1972), 53-65.

는 중요성을 보여 주는 구체적 사례는 바젤 공의회다. 1436년 12월의 표결에서 추기경들과 주교들은 전체 투표권자의 1할에도 못 미쳤다.

4. 트리엔트 공의회의 사례는 또 다른 모델이다. 신학자들은 교황이나 주교, 수도회 총장, 세속 통치자(황제와 스페인 및 프랑스의 국왕)를 통해 공의회에 초청받았다. 보편 공의회로서 트리엔트 공의회는 그리스도교 평신도 대표를 포함해야 했기에, '그리스도교 군주들'에 의한 초청이 있었다. 제3차 회기(1561년)에는 초기 중세의 관행을 따라 대학(루뱅, 쾰른, 잉골슈타트)이 공식 대표로 초청되었다. 그러나 트리엔트에 참가한 주교 상당수가 교육받은 신학자였고, 인문주의 운동의 영향을 받았다. 특히 수도회 소속이었던 이탈리아와 스페인 주교들이 그랬다.

5. 마지막 모델의 예는 제1차 및 제2차 바티칸 공의회다. 이때는 중세 시대나 트리엔트 공의회 때와는 달리 어떤 대학 신학부도 단체로서 초청받지 않았다. 주교들이 의결권을 가진 구성원이었고, 신학자는 주로 주교의 자문으로 참석했다.

예딘의 간략한 개관은 가톨릭교회의 전통과 실천이 그 역사 전반에 걸쳐 어떻게 다양하게 변화했는지를 보여 준다. 오늘날에는 종종 편중적인 단면적 견해를 접하곤 한다. 즉, 교회 안에서 가르치는 이는 오직 주교뿐이라는 견해가 있는가 하면, 혹은 학계에 종사하는 신학자만이 전문성을 지닌다는 견해도 있다. 그러나 가톨릭교회 전통은 훨씬 더 폭넓고 다양하다. 오늘날 신학의 과제가 매

우 복잡해졌고 질문들이 매우 다양해졌으며 문제들이 매우 절박
해진 상황에서, 교회 안의 다양한 신자의 목소리가 들려야 하며 교
회 내 의사결정에 정당한 영향을 미쳐야 한다는 점이 중요하다.

Transitioning to the Twenty-First Century

1. 주체성의 탈중심화: 미학과 현상학
2. 방법의 탈중심화와 의미 해석
3. 진보의 탈중심화: 중단으로서의 전통과 기억
4. 엘리트의 탈중심화: 살아 있는 경험과 영적 실천
5. 개인주의의 탈중심화: 대화적 담론 공동체

V

21세기로의 전환

제2차 바티칸 공의회가 근대성의 신선한 공기를 들이기 위해 교회 창문을 여는 이미지를 불러일으켰다면, 공의회 이후 로마 가톨릭 신학은 근대성에 대한 비판에 점차 직면하면서 그런 비판과 대화하고 관여하려고 노력했다. 또한 제2차 바티칸 공의회가 근대성에 너무 개방적이라는 비난을 자주 받았지만, 실제로는 근대성에 대해서 비판적이기도 했다는 점을 간과해서는 안 된다. 예를 들어, 「사목 헌장」(Gaudium et spes)은 근대 과학·기술의 진보와 빈곤·착취의 심화 사이의 괴리를 강조했고,[1] 빈부 격차가 점점 커지는 것을 강하게 비판했다. 그러나 제2차 바티칸 공의회 이후 추가적인 근대화를 요구하는 목소리와 근대화 과정 자체를 비판하는 목

---

1   Francis Schüssler Fiorenza, "*Gaudium et spes* and Human Rights," in *The Church and Human Freedom: Forty Years after Gaudium et spes*, ed. Darlene Fozard Weaver (Villanova: Villanova University Press, 2006), 38-65.

소리 사이의 긴장이 고조되었다.[2] 이러한 긴장은 신학과 교회가 앞으로 어떻게 나아가야 하는지에 대한 상반된 견해 간의 논쟁이 지속되면서 점차 심해졌다. 한편으로는 다양한 해방신학, 탈식민주의 이론, 일부 포스트모던 철학 흐름의 아방가르드, 종교적·문화적 다원주의에 대한 인식 증대를 말할 수 있다. 다른 한편으로는 근대성에 대한 복고주의적 반발도 있고, 더 고전적인 자원과 태도로 돌아가려는 움직임도 있다. 그러나 이러한 대조조차도 간단치 않다. 탈식민주의 이론은 근대성의 착취적 성격을 전면에 내세우면서, 과거 전통과 근대 서구에서 모두 소외된 목소리와 경험이 전면에 드러나게 하려 한다.

포스트모던이라는 용어는 이러한 변화들을 해석하는 데 자주 사용된다. 이 용어는 계속해서 널리 쓰이지만, 상당히 다른 태도들을 가리키는 모호한 용어다. 한 가지 측면은 근대성의 비판적 측면을 강조한다(예: 마르크스의 자본주의 비판, 니체의 도덕 비판, 프로이트의 문화 분석). 이 측면은 포스트모더니티를 근대성의 몇몇 비판적 국면들의 연장으로 보고, 근대성들의 다원성을 부각한다. 이와 대조되는 다른 측면은 전근대적인 것과 전통적인 것의 중요성을 강조한다. '포스트모더니티'는 본래 '근대성'(modernity)과 대조되는 이미지로 등장했다. 이 용어는 건축에서 모더니즘의 형태적·기능적

---

2   John W. O'Malley, *What Happened at Vatican II* (Cambridge: Harvard University Press, 2008); Ormond Rush, *Still Interpreting Vatican II: Some Hermeneutical Principles* (Mahwah, NJ: Paulist, 2004).

건축에 대비되는 말로 사용되었다. 이후 근대화 이론을 비판해 온 사회 이론 및 경제 이론까지 포괄하며 확장되었다.[3] 개발 이론들은 제3세계 국가들이 서유럽 국가들을 더 닮기 위해 '근대화'되어야 한다고 주장했다. 반면 포스트모던 이론들은 그러한 근대화 이론들이 이들 국가의 문화적 전통과 자원을 얼마나 크게 박탈했는지 비판한다. 따라서 근대성에 대한 비판은 종종 근대 유럽의 식민주의에 대한 비판과 함께 간다.

포스트모던 흐름을 전유하여 신학 방법론을 고찰하는 시도들은 다양한 그리스도교 전통에 걸쳐 다채롭고 독특한 경로를 밟아 왔다.[4] 미국에서는 한스 프라이와 조지 린드벡이 '후기자유주의' 노선을 주창했고, 이는 '예일학파'로 불리게 되었다.[5] 이 학파는 자연신학과 존재의 유비에 대한 칼 바르트의 비판에 강한 영향을 받

3   Jean-François Lyotard, *Postmodern Condition: Report on Knowledge* (Minneapolis: University of Minnesota Press, 1984[국역본: 『포스트모던의 조건』, 역본 다수]); idem, *The Differend: Phrases in Dispute* (Minneapolis: University of Minnesota Press, 1983[국역본: 『쟁론』, 경성대학교출판부]); idem, *The Postmodern* (Minneapolis: University of Minnesota Press, 1992).

4   Kevin J. Vanhoozer, ed., *Cambridge Companion to Postmodern Theology* (New York: Cambridge University Press, 2003).

5   George Lindbeck, *The Nature of Doctrine: Religion and Theology in a Postliberal Age*, 25th anniversary ed. (Louisville: Westminster John Knox, 2009[국역본: 『교리의 본성』, 도서출판 100]); Hans W. Frei, *Types of Christian Theology* (New Haven: Yale University Press, 1992). See Mike Higton, *Christ, Providence, and History: Hans W. Frei's Public Theology* (New York: T&T Clark, 2004).

았고, 버나드 로너간과 칼 라너의 저술로 특히 대표되는 초월적 신학의 보편주의를 비판한다. 조지 린드벡은 문화-언어적으로 신학에 접근하는 방식을 주창한 반면, 한스 프라이는 공동체의 실천에 대한 '두툼한 기술'(thick description)과 성서의 평이한 사용을 강조한다.[6] 잉글랜드에서는 존 밀뱅크가 급진 정통주의로 불리는 운동을 주도해 왔다. 그는 근대성 오류의 뿌리를 추적하여 둔스 스코투스에게까지 거슬러 올라간다. 그의 신학은 신플라톤주의적 참여 이론을 발전시키고, 동방 교부들을 재수용하며, 자연과 은총의 급진적 통합을 모색한다.[7]

로마 가톨릭 신학에서 포스트모던에 관여하는 방식은 예일학파나 급진 정통주의와는 다른 방향이다. 근대성에 대한 기본적인 비판 중 일부는 공유하지만, 일부 포스트모던 신학에 내재한 상대주

---

6 이런 방향에 대한 비판들로는 다음을 보라. Francis Schüssler Fiorenza, "The Cosmopolitanism of Roman Catholic Theology and the Challenge of Cultural Particularity," *Horizons* 35 (Fall 2008): 298-320; idem, "From Interpretation to Rhetoric: The Feminist Challenge to Systematic Theology," in *Walk in the Ways of Wisdom*, ed. Shelly Matthews, Cynthia Briggs Kittredge, and Melanie Johnson Debaufre (Philadelphia: Trinity, 2003), 17-45; idem, "Systematic Theology and Hermeneutics," in *Between the Human and the Divine: Philosophical and Theological Hermeneutics*, ed. Andrzeij Wiercinksi (Toronto: Hermeneutics Press, 2002), 510-30.

7 John Milbank, Catherine Pickstock, and Graham Ward, *Radical Orthodoxy: A New Theology* (New York: Routledge, 1999); 또한 다음의 비판적 평가를 보라. W. J. Hankey and Douglas Hedley, *Deconstructing Radical Orthodoxy: Postmodern Theology, Rhetoric, and Truth* (Burlington, VT: Ashgate, 2005).

의와 특수주의에 맞서고자 한다. 예를들어 교황 요한 바오로 2세는 신앙과 이성을 연결하는 방식에서 린드벡과 대조적으로 보편적 가치를 강력히 옹호한다.[8] 인권의 보편성을 수호하기 위해 자연법을 지지하는 라칭거의 입장은 칼 바르트나 급진 정통주의에서 볼 수 있는 것보다 자연법에 대해 훨씬 호의적이다.[9] 그는 신앙과 이성 사이의 상관관계를 옹호하는데, 이는 그가 상대주의를 비판할 때와 마찬가지로 로마 가톨릭 특유의 신학 및 윤리 접근 방식을 대변한다.[10]

제2차 바티칸 공의회 이후 로마 가톨릭 신학 내부에는 대조적 흐름이 있다. 이를테면 미학과 현상학을 통한 주체성의 탈중심화, 방법론적 객관주의에 대한 비판, 역사에 대한 진보적 이해에 맞서 기억·전통·단절에 호소하는 태도, 학문적 접근 방식과 관련하여 생생한 경험과 영성의 중요성, 진리에 대한 개인주의적 이해에서 대화적 이해로의 전환이 그렇다.

---

8 John Paul II, *Veritatis splendor* (August 6, 1993), http://www.vatican.va/holy_father/john_paul_ii/encyclicals/documents/hf_jp-ii_enc_06081993_veritatis-splendor_po.html.

9 Pope Benedict XVI, Address to the General Assembly of the United Nations Organization, New York, April 18, 2008, http://www.vatican.va/holy_father/benedict_xvi/speeches/2008/april/documents/hf_ben-xvi_spe_20080418_un-visit_en.html.

10 또한 다음을 보라. Joseph Ratzinger, *Truth and Tolerance: Christian Belief and World Religions* (San Francisco: Ignatius, 2004).

1. 주체성의 탈중심화: 미학과 현상학

현대 신학에서 인식론(지식 이론)과 종교적 경험 내지 종교적 의식
을 신학의 출발점으로 삼는 경향은 인간 주체를 향하는 인간 중심
적 전환으로 특징지어진다.[11] 이에 대한 반작용으로 미학과 현상학
으로의 전환을 통해 신학의 대상으로 초점을 옮기려는 움직임이
나타났다. 한스 우르스 폰 발타사르의 저술이 보여 주듯이 공의회
후 수십 년간 이러한 호소가 이미 있었고 그의 영향력도 점차 커졌
지만, 특히 교황 요한 바오로 2세와 장뤽 마리옹의 저술을 통해 현
상학의 영향력이 커진 것이 크게 작용했다.

　미학으로의 전환에는 두 가지 목표가 있다. 첫 번째 목표는 대상
의 아름다움과 작용이 인간을 사로잡고 매료시킨다는 점을 강조

11　칼 라너의 자유 개념을 탈식민주의적 사유와 연결하려는 시도로는 다음을 보라.
Susan Abraham, *Identity, Ethics, and Nonviolence in Postcolonial Theory*
(New York: Palgrave Macmillan, 2007).

하는 특정한 미학관을 내포한다. 이 관점은 신학의 대상이 인간의
주체성을 결정하고 영향을 가해야 한다는 점을 부각한다. 두 번째
목표는 근대성에 관한 특정 해석, 곧 자연이 탈주술화되고 탈사회
화되었다고 보는 세속화로서의 근대성에 관한 해석을 겨냥한다.[12]
막스 베버는 이러한 세계의 탈주술화를 두 가지 원천과 연결했다.
하나는 16세기와 17세기의 과학 혁명이고, 다른 하나는 자본주의
의 발전을 예고했던 칼뱅주의 신학 내부의 규율적 실천이다. 세계
에 대한 미학적 관점은 세속화 신학에 맞서 세계를 탈주술화로부
터 되찾고자 한다. 이러한 관점은 세계의 아름다움과 숭고함에 경
탄하는 능력이 성사적 삶에 대한 그리스도교적 이해와 실천의 핵
심 전제임에 주목한다.

한스 우르스 폰 발타사르가 미학을 주창한 것은 신학에서 이러
한 접근 방식을 보여 주는 전형인데, 그의 미학관이 주체 중심의
신학의 토대를 허물고자 한다는 점에서 그렇다.[13] 이런 이유로 지
난 20년 동안 그의 신학의 영향력은 더욱 커졌다. 칼 바르트가 근
대 개신교 신학의 인간중심주의를 비판했듯이, 한스 우르스 폰 발
타자르는 로마 가톨릭 신학에서 유사한 경향을 비판했다. 그의 책

12　Charles Taylor, *A Secular Age* (Cambridge, MA: Harvard University Press, 2007[국역본: 『세속의 시대』, 새물결]).

13　다음을 보라. Edward T. Oakes and David Moss, eds., *The Cambridge Companion to Hans Urs von Balthasar* (New York: Cambridge University Press, 2004).

『오직 사랑만 믿을 수 있다』(*Love Alone Is Credible*)는 칼 라너의 인간 중심적 전환을 비판하며, 근대 세속성과 휴머니즘에 대한 개방은 내재와 초월 사이의 매개점들을 간과하고 있다고 반박한다. 그 결과 신의 초월에 대한 감수성을 약화한다는 것이다.[14]

폰 발타사르의 신학 방법론 자체는 복합적이며, 상호 보완적이고 필수적인 요청들을 통합한다. (1) 그는 신앙의 유비와 관련하여 존재의 유비가 중요함을 일관되게 견지하면서도, 동시에 그리스도교 신앙이 현실의 형태를 해석하는 중심 틀이라는 점을 강조한다. (2) 따라서 그의 신학 방법론은 로마 가톨릭이 자연신학을 긍정한 데 대한 바르트의 비판을 그대로 따르지 않는다. 오히려 기초신학에 중요한 자리를 주되, 영적 감각의 수덕적(ascetic) 계발과 미학적 경험의 중요성을 강조한다. (3) 마지막으로 폰 발타사르는 근대 신학에서, 특히 근대 개신교 신학에서 미학을 경시하는 태도를 비판하면서, 자신의 독자적인 미학 이론을 발전시키고, 그것이 신학 이해뿐만 아니라 그리스도교적이고 성사적인 삶에 중요하다는 점을 보여 준다.[15]

그의 대표작은 미학이 드라마와 논리로 보완되는 3부작 구조다. 신학적 미학은 하느님-드라마(theo-drama)와 하느님-논리(theo-

---

14 Hans Urs von Balthasar, *Love Alone Is Credible* (San Francisco: Ignatius, 2004[국역본: 『남겨진 단 하나, 사랑』, 가톨릭출판사]).

15 John D. O'Connor, "Theological Aesthetics and Revelatory Tension," *New Blackfriars* 89 (2008): 399-417.

logic)로 이어진다. 삼부작 시리즈는 각각 초월적인 것들(모든 존재의 속성), 곧 아름다움, 선함, 진리와 상호 관련된다.[16] 폰 발타사르가 언급했듯이 "신학적 미학, 드라마적인 것, 논리학을 제시하는 우리의 3부작은 이렇게 상호 조명하는 빛 속에서 구축된다. 모든 개별 존재를 초월하는 존재의 특성들('초월적인 것들')로 불리는 것은 그리스도교 신학의 신비에 가장 적절한 접근 방식을 제공하는 듯하다."[17] 신학적 미학이 강조하는 목표는 신학이 하느님의 자기 드러냄의 형태를 보아야 한다는 것이다. 드라마는 행위를 다루는데, 신적 행위와 인간 행위 사이의 연관성을 본다. 하느님에 대한 신비적이고 실존적인 지식과 자유로운 응답은 하느님의 주도권과 행위가 선행함을 증언한다. 하느님-논리에서 말하는 논리는 추상적 논리가 아니라 성육신에 대한 그리스도인의 생생한 증언을 통해, 성령의 현전을 통해 그리스도교 현실의 논리를 드러내고자 한다.

주체의 탈중심화와 대상으로의 전환은 현대 프랑스 로마 가톨릭 신학에서 현상학적 방법론이 새롭게 영향력을 얻는 데서도 유사하게 나타난다. 장뤽 마리옹은 "포화된 현상"이라는 범주로 대상의 "주어짐"에 관해 말한다. 그는 존재 없는 하느님에 관해 말하

---

16 Hans Urs von Balthasar, *The Glory of the Lord*, 7 vols. (San Francisco: Ignatius, 1982-89); idem, *Theo-Drama: Theological Dramatic Theory*, 5 vols. (San Francisco: Ignatius, 1988-98); idem, *Theo-Logic*, 3 vols. and *Epilogue* (San Francisco: Ignatius, 2004-5)

17 Urs von Balthasar, *Epilogue*, 46.

면서 존재신론 이후의 하느님을 사유하고자 한다.[18] 하느님에 관한 이러한 탈형이상학적 사고는 서구 형이상학과 그 형이상학의 하느님 개념에 대한 하이데거의 비판을 이어간다. 이는 하느님 물음을 다룰 때 존재라는 우상과 주체성이라는 우상을 피하고자 한다.[19] 장이브 라코스트는 하이데거의 세계 내 존재 개념을 가져와 전례의 범주로 해석한다. 미셸 앙리는 복음서를 그리스도에 관한 현상학으로 이해하며 생명의 "자기촉발"(auto-affection) 개념을 제시한다.[20] 장루이 크레티앙은 현상학을 사용하여 경험 속에서 우리에게 주어지는 어떤 종교적 권유나 부름에 호소한다.[21] 신학에서

---

18   Jean-Luc Marion, *Being Given: Toward a Phenomenology of Givenness; Cultural Memory in the Present* (Stanford: Stanford University Press, 2002); idem, *In Excess: Studies of Saturated Phenomena* (New York: Fordham University Press, 2002[국역본: 『과잉에 관하여: 포화된 현상에 관한 연구』, 그린비]); *Reduction and Givenness: Investigations of Husserl, Heidegger, and Phenomenology* (Evanston, IL: Northwestern University Press, 1998).

19   Francis Schüssler Fiorenza, "Being, Subjectivity, and Otherness: The Idols of Gods," in *Questioning God*, ed. John D. Caputo, Mark Dooley, and Michael Scanlon (Indianapolis: University of Indiana Press, 2001), 320-50.

20   Michel Henry, *Paroles du Christ* (Paris: Éditions du seuil, 2002); idem, *I Am the Truth: Toward a Philosophy of Christianity: Cultural Memory in the Present* (Stanford: Stanford University Press, 2003); idem, *Phénoménologie de la vie* (Paris: Presses universitaires de France, 2003); Michel Henry and Magali Uhl, *Auto-Donation* (Montpellier: Prétentaine, 2002).

21   Jean-Louis Chrétien, *The Call and the Response* (New York: Fordham University Press, 2004); idem, *Hand to Hand: Listening to the Work of Art* (New York: Fordham University Press, 2003.).

이러한 현상학 수용이 비판을 받지 않은 것은 아니다. 도미니크 자니코는 이를 철학을 부당하게 전유한 것으로 간주한다. 그런데 이에 대한 반론도 제기된다. 자니코가 종교적 차원이 분리된 '순수' 철학이라는 근대주의적이고 심지어 신스콜라주의적인 이해를 대변하고 있다는 것이다.[22] 순수한 인간 본성이란 사실상 없다고 단언하고 은총과 자연/본성이 얽혀 있음을 강조했던 앙리 드 뤼박과 신신학(la nouvelle théologie)의 통찰에 비추어 볼 때, 인간의 경험을 온전히 설명하려면 종교적 경험이 포함되어야 한다. 이 점에서 한스 우르스 폰 발타사르와 현대 프랑스의 신학적 현상학자들은 모두 신신학의 발자취를 따르고 있다.

---

22   Dominique Janicaud, *Phenomenology "Wide Open"* (New York: Fordham University Press, 2005); idem, *Phenomenology and the "Theological Turn"* (New York: Fordham University Press, 2000).

2. 방법의 탈중심화와 의미 해석

근대는 과학적 객관성을 강조했다. 이는 일반적으로 방법론에 대한 강조로 이어졌고, 또한 역사 연구 영역과 성서를 포함한 역사적 문헌 해석 영역에서는 역사비평 방법론 발전으로 이어졌다. 20세기 로마 가톨릭 신학은 그리스도교 역사 연구뿐만 아니라 성서학에서도 역사비평 방법론을 점진적으로 수용했다.[23] 이러한 방법론에 대한 검토는 조직신학에 상당한 영향을 미쳤다.[24] 그리고 제2차 바티칸 공의회 이후 역사적 방법의 한계에 관한 논의에서 드러나듯이 전환이 일어났다. 해석학(해석 이론)의 영향과 고전적 모티프

---

23 역사비평 방법을 옹호하는 다음을 보라. Joseph A. Fitzmyer, *The Interpretation of Scripture: In Defense of the Historical-Critical Method* (New York: Paulist, 2008).

24 한스 우르스 폰 발타사르의 신학에 방법론이 없다는 비판에 대해 발타사르 자신이 한 변론으로는 다음을 보라. Urs von Balthasar, *Theo-Logic*, 2:363-65.

의 재발견은 현대 해석학의 몇몇 통찰과 고전적으로 접근한 성서 해석이 중요한 부분에서 유사함을 보여 주었다.[25] 한스게오르크 가다머가 고전은 단지 고전이 속한 시대뿐만 아니라 그 이후 시대에도 요구를 제기한다는 점을 강조한 것, 폴 리쾨르가 의미의 잉여를 강조한 것, 한스 야우스가 수용 해석학을 발전시킨 것은 보다 전통적인 해석 모델을 재발견하게 한다. 오늘날 앙리 드 뤼박에서 요제프 라칭거에 이르기까지 고전적 성서 해석에 호소하는 이들도 늘었고, 또한 역사비평이 지속적으로 중요하다는 점도 여전히 주장된다.[26] 역사비평이 역사적 맥락과의 관계 속에서 문법적·언어적 해석을 바탕으로 텍스트의 단일한 의미를 발견하는 것을 목표로 삼는 반면, 현대 해석학 이론은 다양한 은유와 서사를 지닌 텍스트의 의미 잉여를 강조한다. 이런 점에서, 중세에 발전한 성서의 다중 의미에 대한 고전적 이해는 해석학 이론에서 새롭게 정당화되고 있다. 역사비평이 해석자의 주관성을 배제한 채 해석의 객관성을 강조했다면, 현대 해석학은 텍스트 해석에서 해석자의 선이해

25　고전적 해석과 현대 해석학을 비교한 것으로는 다음을 보라. Francis Schüssler Fiorenza, "The Conflict of Hermeneutical Tradition and Christian Theology," *Journal of Chinese Philosophy* 27 (2000): 3-31.

26　다음 두 저술을 비교하라. Matthew Levering, *Participatory Biblical Exegesis: A Theology of Biblical Interpretation; Reading the Scriptures* (Notre Dame, IN: University of Notre Dame Press, 2008), Joseph A. Fitzmyer, *The Interpretation of Scripture: In Defense of the Historical Critical Method* (Mahwah, NJ: Paulist, 2008).

와 사회적 위치가 중요하다고 지적한다.[27] 따라서 선이해에 대한
고대의 통찰(영적 정화와 상승에 관한 아우구스티누스의 가르침이 강조한
바)은 해석자의 개인적 지향이 텍스트에 던질 질문을 좌우한다는
현대 해석학의 관점과 상응한다. 역사비평이 텍스트가 구상되는
곳에 텍스트의 의미가 있음을 강조하였다면, 해석학은 텍스트의
의미가 그 맥락을 초월하여 현재에 어떤 요구를 제기한다는 점을
강조한다. 텍스트가 과거에 과연 무엇을 의미했는지를 설명하는
성서학자와 '오늘날 무엇을 의미해야 하는가?'를 묻는 조직신학자
사이의 구분은 길을 잃는다.[28] 역사비평과 다른 해석 방식들 사이
의 긴장은 오늘날 신학 방법론이 계속해서 맞닥뜨리는 도전적 과
제다.

[27] Francis Schüssler Fiorenza, "The Conflict of Hermeneutical Tradition," 특
히 22-24.

[28] Elisabeth Schüssler Fiorenza, *Bread Not Stone*. 특히 크리스터 스텐달과 레
이몬드 E. 브라운이 활용한 '텍스트가 과거 의미했던 바와 오늘날 의미하는 바
사이의 구분'에 관한 그녀의 비판을 보라. 또한 그녀의 다음 책을 보라. *Rhetoric
and Ethic: The Politics of Biblical Studies* (Minneapolis: Fortress Press,
1999).

3. 진보의 탈중심화: 중단으로서의 전통과 기억

근대성의 두드러진 특징 하나는 진보에 대한 강조다. 특히 과학적 방법론과 기술 발전을 통한 진보를 강조했다. 그러나 이러한 진보 이해는 점점 더 비판을 받고 있다. 프랑크푸르트학파는 계몽주의의 실증주의와 과학주의를 비판하면서, 계몽주의가 신화를 비판하고 과학의 진보를 옹호하면서 도리어 새로운 신화를 창조했다고 주장했다. 즉, 과학과 기술 자체가 필연적으로 진보와 행복을 가져다준다는 신화다.[29] 이러한 진보 신화에 대한 비판은 여러 방향으로 분명하게 수용되고 발전되어 왔다.

요한 밥티스트 메츠는 고난의 기억을 자기 신학의 중심에 둔다. 복음서는 예수님의 죽음과 부활이라는 "위험한 기억"을 담고 있

---

29 Max Horkheimer, and Theodor W. Adorno, *Dialectic of Enlightenment* (New York: Herder and Herder, 1960[국역본: 『계몽의 변증법』, 문학과지성사]).

다. 이러한 기억은 역사 속 불의를 전면에 내세우고, 역사 속 불의의 희생자들과의 연대를 표한다는 점에서 역사를 중단시킨다. 역사의 진보에 제동을 거는 것이다. 메츠는, 홀로코스트를 겪었음에도 이를 자기 신학의 중심 측면으로 삼지도 않고 심지어 명시적 측면으로 다루지 않는 이전 세대 신학자들을 비판한다.[30] 메츠가 고통의 기억을 강조한 것은 20세기 홀로코스트에 대한 교회의 대응을 비판한 것일 뿐만 아니라, 역사를 진보로 보는 관점에 대한 비판이기도 하다. 고통의 기억에 호소하는 것은 다윈의 진화 생물학을 역사 이해의 틀로 삼아 사회사를 진보적인 것으로 이해하는 역사관이 부적절함을 부각한다. 그러한 관점은 역사의 불의를 고려하지 않았다. 기억과 중단에 대한 강조는, 현재의 정치권력 관계를 정당화하고 역사가 오직 진보적인 방식으로 전개된다고 보는 모든 정치신학에 교정 역할을 한다.

라칭거는 근대성의 진보적 이해를 여러 방식으로 탈중심화한다. 그는 초기 프랑크푸르트학파(아도르노와 호르크하이머)가 정교하게 설명한 계몽주의 비판, 곧 계몽의 변증법을 명시적으로 수용한

---

30 Johannes Baptist Metz, *Memoria Passionis: Ein Provozierendes Gedächtnis in Pluralistischer Gesellschaft* (Freiburg im Breisgau: Herder, 2006). Helmut Peukert, *Science, Action, and Fundamental Theology* (Cambridge: MIT, 1994)는 불의의 희생자들에 대한 기억에 관한 메츠의 이해를 근본 신학 물음에 적용하였다. 현대적 관심사의 측면에서 메츠의 중단 개념을 발전시킨 논의로는 다음을 보라. Lieven Boeve, *God Interrupts History: Theology in a Time of Upheaval* (New York: Continuum, 2007).

다—즉, 신화에 대한 비판과 실증주의적인 과학 방법론이 결국 스스로에게로 돌아와서 그 방법 자체를 신화로 만든다는 것이다.[31] 라칭거는 자신이 진리와 이해에 대한 근대적 접근이라고 생각한 부분에 구체적으로 비판의 초점을 두었다. 진리와 존재를 동일시한 전통적 등식은 근대성에서 경험적 '사실'에 초점을 맞추는 것으로 대체되었다. 사실이란 우리가 과학적 방법론과 역사적 방법론을 통해 알 수 있는 것을 말한다. 또한 기술적 사고로의 전환은 수학과 실험을 통한 사실에 대한 헌신을 결합한 방법론을 모범적인 것으로 설정한다.[32]

진보와 전통의 문제는 제2차 바티칸 공의회에 대한 라칭거의 해석에서 핵심이 된다. 한편으로 그는 제2차 바티칸 공의회가 비오 10세의 『오류 목록』(*Syllabus of Errors*)을 넘어서고 교정하는, 되돌릴 수 없는 진보를 이루었음을 인정한다. 종교 자유에 관한 헌장은 분명 비오 10세의 오류 모음집을 넘어선다. 다른 한편으로 그는 제2차 바티칸 공의회의 기여가 진보적 혁신이라기보다는 주로 르소스망(ressourcement[즉, 전통 속에서 가장 좋은 부분을 전유하는 것])을 통한 갱신에 있다고 해석한다. 후자의 접근 방식은 제2차 바티칸 공

---

31   또한 라칭거와 하버마스의 논쟁을 보라. Jürgen Habermas and Joseph Ratzinger, *The Dialectics of Secularization* (San Francisco: Ignatius, 2005[국역본: 『대화: 하버마스 對 라칭거 추기경』, 새물결]).

32   Joseph Ratzinger, *Introduction to Christianity* (New York: Seabury, 1969[국역본: 『그리스도 신앙』, 분도출판사]), 57-79.

의회를 주로 전통과의 연속성 속에서 해석한다면, 전자는 혁신과 불연속성을 강조한다. 라칭거는 텍스트를 두 부분으로 나누는 제2차 바티칸 공의회에 대한 해석에 반대한다. 그것은 수용 가능한 진보적 부분 대 수용 불가능한 구식 부분, 혹은 수용 가능한 교회론 대 수용 불가능한 교회론으로 나누는 해석이다. 라칭거의 이러한 주장은 제2차 바티칸 공의회 문헌에서 친교(communio) 개념이 교회 및 성찬 이해와 어떻게 결합해 있는지 살펴보면 명확해진다.

4. 엘리트의 탈중심화: 살아 있는 경험과 영적 실천

역사적으로 신학적 성찰은 다양한 사회적·개인적 맥락에서 이루어졌고 계속 이루어지고 있다. 이를테면 고대 주교가 수행한 사목 활동, 수도사의 기도하는 삶, 중세부터 현대에 이르는 대학의 학문 훈련, 신비주의자의 관상적 경험, 일상생활에서 신자의 살아 있는 경험이 그렇다. 각 맥락에서 신앙의 그리스도인들은 자기 삶과 활동과 관련하여 신앙의 의미를 성찰한다. 그들의 성찰은 신학적 성찰의 한 형태로 볼 수 있다. 그러나 대학에서 수행되는 좀 더 체계적이고 방법론적이며 개념적인 활동이 신학적 성찰의 전형이 되면서 다른 방식은 지양되었다. 너무나 자주, 학문적 신학 이해는 다른 식의 신학 방식을 무시해 왔다.

게다가 이러한 인식은 신학만이 아니라 철학에도 영향을 미쳤다. 최근 연구를 통해 명백해진 점은 고대에는 철학이 추상적 방법이나 개념적 학문으로 여겨지지 않았고 오히려 삶의 방식이자 자기 발견 과정이었다. 철학자는 교수보다는 영적 조언자에 훨씬 가까웠다. 철학자는 제자들에게 지혜의 길을 따르기 위해 주의를 전환하고 영적인 수행을 통해 자신을 형성하라고 권고했다. 피에르 아도가 지적했듯이, 고대 철학과 신학에서 추구한 초월자에 관한 담론과 영적 경험은 자신의 변화를 요구하는 새로운 삶의 방식을 촉진하기 위한 것이었다.[33] 중세의 수도원적 접근 방식과 스콜라적 접근 방식의 구분은 학계에서 지속적으로 다루어 온 주제로, 이는 살아 있는 경험, 신심, 영성의 중요성을 부각한다.[34]

오늘날 대학에서 종교에 관한 학문적 연구가 종교학이라는 형태로 부상하면서 긴장이 조성되었고, 이 긴장으로 인해 양 측면이 모두 부각되고 있다. 한편으로는 종교학에 대한 실증주의적 이해가 등장했다. 곧 종교학을, 어떤 주관적인 선이해와 헌신도 배제하는 순수 중립적인 연구를 지향하는 객관적 학문으로 보는 방식이다.[35] 대학 내의 다른 인문학 연구와는 구별되게 중립성과 객관성을 칭송하는 종교학의 비전을 추구하는 것이다.[36] 다른 한편으로

---

33   Pierre Hadot, *Philosophy as a Way of Life: Spiritual Exercises from Socrates to Foucault*, ed. Arnold Ira Davidson (New York: Blackwell, 1995).

34   Jean Leclercq, *The Love of Learning and the Desire for God: A Study of Monastic Culture* (London: SPCK, 1978).

35   Francis Schüssler Fiorenza, "Religious and Theological Studies: The Contest of the Faculties," in *Shifting Boundaries: Contextual Approaches to the Structure of Theological Education*, ed. Barbara Wheeler and Edward Farley (Louisville: Westminster John Knox, 1991), 119–49.

36   이에 대한 비판으로는 다음을 보라. Francis Schüssler Fiorenza, "Theology in

민족지학적 연구(ethnographic studies), 참여적 사회학(participatory sociology), 참여 인류학(engaged anthropology)이 부상했고, 이들 연구는 참여자의 행위를 해석할 때 참여자의 관점을 고려하는 일이 중요하다는 점을 강조한다. 이런 관점에서 종교에 대한 학문적 연구에는 종교 공동체의 다양한 구성원과 집단들의 살아 있는 경험을 연구하는 일이 포함된다. 그리고 대중적인 종교 실천과 의례에 관한 연구, 그리고 성인들의 이야기와 삶에 관한 연구가 종교 연구에서만 핵심을 차지하게 된 것은 아니다. 이러한 실천과 의례는 신학의 원천이 되기도 한다.[37]

the University," *Bulletin of the Council of Societies for the Study of Religion* 22 (April 1993): 34-39; idem, "Response to Wiebe," *Bulletin of the Council of Societies for the Study of Religion* 23 (April 1994): 6-10.

37   이러한 점은 한스 우르스 폰 발타사르가 그의 고전적 에세이에서 지적한 것이다. Hans Urs von Balthasar, "Theology and Sanctity." 지금은 다음 책에 재수록되었다. *Explorations in Theology*, vol. 1, *The Word Made Flesh* (San Francisco: Ignatius, 1989), 181-210.

5. 개인주의의 탈중심화: 대화적 담론 공동체

개인주의는 대화적이고 공동체적인 진리 이해로 보충되면서 균형을 이룬다. 이러한 진리 이해에서는 담론 공동체의 중요성을 강조한다. 근대의 철학 및 신학 접근 방식은 종종 데카르트처럼 의식에 호소하거나, 칸트처럼 인식 주체에 호소하거나, 슐라이어마허처럼 종교 경험을 강조하는 것과 유관하다. 개인의 의식이나 종교적 경험에서 출발하는 이러한 방식은 흔히 개인주의적인 방식으로, 그리고 토대론적 방식으로 해석된다. 개인의 경험이 확실성을 제공한다는 생각이 그 바탕에 있다. 철학적 확실성을 얻기 위한 데카르트의 출발점이 보통 그 예로 거론된다. 슐라이어마허가 공동체를 강조한 것은 그와 반대되는 예라 할 수 있다. 칸트는 인간 인식 구조를 분석함으로써 철학이 자연 과학이나 수학과 유사한 진보를 이룰 수 있을 것으로 생각했다. 20세기 초 신칸트학파 운동은 편파적으로 철학을 실증주의적인 과학의 방법으로 환원하려 했다.

칸트의 저술에서 그러한 방법론을 초월하는 부분은 무시한 것이다. 이에 대한 반발로 20세기 철학자 마르틴 부버, 프란츠 로젠츠바이크, 페르디난트 에브너는 대화 철학을 발전시키고 '나-너'(I-Thou) 관계를 강조했다. 더 최근에는 에마뉘엘 레비나스가 '타자'(the Other)를 강조했다.[38] 데카르트의 "나는 생각한다. 그러므로 존재한다"는 '우리는 대화 속에서만 존재하며, 대화를 통해 진리에 이른다'로 대체되었다. 진리의 대화적 성격은 철학뿐만 아니라 신학과 윤리학에서도 표현되었다 — 물론 상당한 논쟁이 뒤따랐다. 신학적 논쟁은 친교(communio) 개념과 관련되고, 윤리적 논쟁은 담론 윤리와 관련된다. 그리고 기초신학적 논쟁은 진리와 다원주의의 관계와 관련된다.

신학에서는 친교 개념이 핵심이 되었다. 교부들은 교회를 하나의 친교로 보았다. 그리스도인들이 성체성사/성찬에서 그리스도와의 친교를 통해 서로 친교를 나눈다는 것이다. 친교 개념은 지역 교회를 다른 지역 교회뿐만 아니라 과거의 공동체와도 연결한다. 제2차 바티칸 공의회에 이른 성찰들에서 핵심이었던 친교에 대한 이해는 최근 논쟁에서도 그 중요성과 의미가 핵심 사안이다.[39] 학

---

38 다음을 보라. Samuel Moyn, *Origins of the Other: Emmanuel Levinas between Revelation and Ethics* (Ithaca, NY: Cornell University Press, 2005).

39 다음을 보라. Walter Kasper, *That They May Be One: The Call to Unity Today* (New York: Continuum, 2004). 또한 카스퍼 글에 대한 다음 서평을 보라. Ingolf Dalferth's review in *Ecclesiology* 2 (2005): 131-37.

술지 『콤무니오』(*Communio*) 창간 20주년을 기념하며, 요제프 라칭거 추기경은 제2차 바티칸 공의회를 수용하는 과정을 되돌아보았다. 그가 볼 때, 대중의 주권과 일반적인 민주적 결정을 강조함으로써 위계 구조와의 대조를 나타내는 '하느님의 백성' 개념에 대한 더 진보적인 해석이 있었다. 친교 개념은 하느님의 백성이라는 개념에 흡수되었다.[40] 제2차 바티칸 공의회는 친교 개념을 전면에 내세웠는데, 이는 다른 개념들을 폐기하거나 전통을 거부하기 위해서가 아니라, 오히려 가톨릭 전통 안에서 교회에 대한 다른 이해들과 친교를 통합하기 위해서였다. 이러한 해석은 공동체를 친교로 보는 현재의 이해를 과거와 대립시키는 것이 아니라, 바로 과거와의 친교나 대화 속에서 과거와 관련시키는 일이 중요함을 강조한다.

이와 동시에 전혀 다른 맥락에서 살펴보면, 지난 수십 년 동안 비트겐슈타인의 언어 이해가 철학과 신학에 미친 영향과 언어적 전환의 결과로, 지식과 이해에서 공동체가 중요하다는 자각이 중심에 자리 잡게 되었다. 이러한 인식은 권력과 담론의 상호 연관성에 대한 미셸 푸코의 분석의 영향으로 한층 예리해졌다. 푸코의 관점은 한 행위자가 다른 행위자나 집단에 권력을 행사한다는 이분법적 권력 개념을 배격하고, 권력이 공동체 전체에 산재해 있음을 보여 준다. 모든 공동체는 일련의 관행과 규칙을 가지고 있고, 이를

40   Joseph Ratzinger, "*Communio*: A Program," *Communio* 19, no. 3 (1992): 436-49; Hans Urs von Balthasar, "*Communio* — a Program," *Communio* 33 (2006): 153-69.

통해 의미와 권력이 매개된다.

공동체, 지식, 권력 사이의 상호 연관성에 관한 이해는 서로 다른 몇 가지 방향으로 전개된다. 한 방향은 공동체의 특수성, 곧 공동체의 경험, 관행, 의미에 주목한다. 이는 특정 공동체와 그 문화에 고유한 관행 및 경험을 부각하여 그들의 신념, 가치, 주장을 이해하고자 한다. 해방신학의 여러 흐름, 곧 아프리카계 미국인 신학, 페미니스트 신학, 라틴아메리카 신학, 히스패닉 신학은 이 방향을 한 걸음 더 진척시킨다. 이들은 특정 공동체와 그 문화에 있는 경험이 지배 문화의 맹점을 드러낸다고 지적한다.

또 다른 방향은 보편적 가치, 의미, 진리를 추상적으로 긍정하는 태도에 맞서, 지식이 근원적으로 다원적이며 문화들 사이에 중대한 차이가 있음을 부각한다. 이 방향에서는 특정 공동체와 문화에 있는 경험이 신학 성찰에 필수 요소가 된다. 세 번째 방향은 과학적 배경 지식의 역할과 문화와 자연의 교차점에 주목한다. 이 관점에서 자연/본성과 자연환경의 일치는 인류가 일치하기 위한 근거를 제공한다. 인간의 모든 문화에는 차이가 있지만, 그럼에도 인간은 몇 가지 기본적인 유사성이 있다. 인간은 질병, 노화, 죽음에 직면한다. 인간은 음식, 약, 주거가 필요하다. 인간의 주거는 동일하게 중력의 법칙 아래 있고, 환경의 위험으로부터 인간을 보호한다. 어느 문화의 사람이든 환경 오염과 지구 온난화에서 비롯된 위험에 직면하고 있다. 이 방향은 많은 이들이 인간 본성 내지 인간의 기본 역량에 근거한 일련의 보편적 권리를 구성하게 이끈다.

이런 다양한 방향 사이를 매개하는 입장이 가장 유익하다. 그 입장은 담론 공동체 개념을 일반 담론 개념과 결합함으로써 표현할 수 있다. 사회-역사적 맥락에서 한 공동체가 차지하는 위치, 그리고 다른 공동체와의 상호 연관은 기초신학, 신학 방법론, 윤리학에서 모두 중요해진다. 이러한 입장은 문화 및 경험의 다원성과 서로 배워야 할 필요성을 고려해야 한다. 따라서 공동체의 특수성은 다른 공동체와의 관계 속에, 그리고 다른 공동체와의 대화 속에 존재한다. 이 중간적 입장은 또한 특정 담론과 다른 담론 사이의 교차점을 이해하는 게 중요하다고 강조하고, 다른 공동체와의 담론에 참여하는 한에서 특수성을 넘어서는 방식으로 그 특수성을 가리킨다.

이러한 문화 다원주의는 로마 가톨릭 신학과 그리스도교 신학에 도전을 제기하는데, 왜냐하면 그리스도교는 여러 문화를 가로질러 존재하는 게 아니라 다문화적 맥락 안에 존재하기 때문이다.[41] 로마 가톨릭에서는 제2차 바티칸 공의회가 흔히 하나의 분수령으로 간주된다. 공의회의 여파 속에서 칼 라너가 주장했듯이, 그리스도교는 세계 교회가 되었다.[42] 다원주의 문제는 종종 개별 교회와 전

<hr>

41 다음을 보라. Francis Schüssler Fiorenza, "Pluralism: A Western Commodity or Justice for the Other," *Searching Wisdom: Essays in Honor of Wendel Dietrich*, ed. Theodore Vial and Mark Poster (New York: Oxford University Press, 2001), 389-424.

42 Karl Rahner, "The Abiding Significance of the Second Vatican Council," in his *Theological Investigations* (New York: Crossroads, 1981), 20:90-102.

체 교회 사이의 관계 문제로 이해된다. 그러나 다원주의에 관한 쟁점은 훨씬 더 복잡하다. 쟁점 가운데 한 측면은 (예컨대 카스퍼와 라칭거가 벌인) 일치와 다원성의 적절한 역할에 관한 논쟁에서 전면에 등장했다.[43] 더 날카로운 논쟁은 폰 발타사르와 라너의 의견 대립에서 전면에 나온다. 거기서 폰 발타사르는 교회와 신학 내부의 다원주의가 교향곡 안의 다원주의와 더 비슷해야 함을 보여 주려 했다. 곧 다양한 부분이 결합하여 하나의 일치된 화음을 형성한다는 것이다. 이에 반해 칼 라너는 문화적 차원에서 다원주의가 환원 불가능한 성격을 지닌다는 점과, 그리스도교 내부에서 다원주의가 갖는 긍정적 의미를 강조했다.[44] 그리고 장이브 라코스트는 다음과 같이 주장했다. "'신학은 본성상 다원주의적 학문이다. 담론의 다수성을 유지하는 것은 필연적으로 이리저리 움직이는 불안정한 균형을 낳는다. 만일 신학이 단지 전례적 담론에 불과하다면, 신학은 선교적 변증의 요구에 응하지 못하고 말 것이다. 만일 신학이 단지 과학적 담론에 불과하다면, 신학은 신자들의 영적 삶의 필요에 응하지 못할 것이다.' 여기서 우리가 확인하는 것은 신학의 언어가 단

---

43   교회의 일치 대 지역 공동체의 다원주의에 관한 라칭거와 카스퍼의 논쟁으로는 다음을 보라. Walter Cardinal Kasper, "On the Church," *America* (April 23–30, 2001); Joseph Cardinal Ratzinger, "The Local Church and the Universal Church: A Response to Walter Kasper," *America* (November 19, 2001).

44   Rahner, *Foundations of Christian Faith*, 367–69. 칼 라너와 조지 린드벡을 비교하며 자신의 구성적 의견을 제안한 다음을 보라. Jeannine Hill Fletcher, *Monopoly on Salvation? A Feminist Approach to Religious Pluralism* (New York: Continuum, 2005).

선율이라기보다는 다성부로 이루어져 있다는 인식이다."[45]

그리스도교 신학과 윤리를 다원주의적 관점에서 구상하는 것은 다른 공동체 및 전통과 상호주관적인 신학적 대화를 요청한다. 이 러한 대화는 다른 종교 전통의 의미와 진리를 인정하는 가운데 하는 것이다. 그뿐만 아니라 유관한 배경 이론에서의 차이를 자각하는 가운데 하는 것이며, 또한 우선순위, 패러다임, 삶의 실천이라는 측면에서 전통의 온전성(integrity)이 다양하게 평가된다는 점을 직시하는 가운데 하는 것이다. 신학과 윤리학을 담론과 대화로서 수행할 때, 우리는 우리가 공동체 안에 존재한다는 사실을 인식할 뿐만 아니라, 우리의 도덕적 의무가 타자에 대한 우리의 책임에서 비롯된다는 사실, 그리고 우리가 하나로 연결된 우주와 환경 속에 함께 서 있다는 사실을 인식한다. 타자는 종교적·도덕적 타자로서 우리에게 도덕적으로 요구할 뿐만 아니라, 지적으로도, 종교적으로도 요구를 건넨다.

---

[45] Jean-Yves LaCoste, "Theology," in *Encyclopedia of Christian Theology*, ed. idem (New York: Routledge, 2005), 1554-62, quoting from 1561. 또한 다음을 보라. Francis Schüssler Fiorenza, "Changes in Culture and Society and the Interdisciplinarity of Theology," in *Reconsidering the Boundaries between Theological Disciplines*, ed. Michael Welker and Friedrich Schweizer (Münster: LIT, 2005), 201-16.

결론

여기서 수 세기에 걸쳐 그리스도교 신학이 이해되어 온 역사를 제시함으로써, 신학의 본성을 소개하고자 했다. 먼저 신학의 고전적 패러다임 세 가지(아우구스티누스, 토마스, 신스콜라주의)를 분석하고, 이어서 20세기 후반에 나타난 다섯 가지 현대적 접근법을 검토했다. 이들 접근법은 서로 겹치는 요소가 있다. 이어서 신학을 더 포괄적으로 이해하기 위한 네 가지 요소를 제안했다. 마지막으로, 20세기에서 21세기로 이행하면서 분명해진 새로운 강조점과 발전 양상을 제시했다.

신학의 과제는 신앙과 담론의 공동체인 교회에 끊임없이 도전을 제기하는 일을 수반한다. 그 도전은 유관한 배경 이론과 현대의 경험에서 얻은 정당한 근거에 비추어 교회 전통의 온전성을 재구성하는 것이다. 이러한 과업은 지극히 복잡하다. 버나드 로너간은 그것이 논리에서 방법으로의 전환을 수반하며, 그러한 전환은 의식의 심대한 변화를 수반한다고 지적한 바 있다.[1] 그러나 오늘날 우리는 논리에서 방법으로의 전환만으로는 충분하지 않음을 점점 더 자각하고 있다. 제2차 바티칸 공의회 이후 수십 년 동안, 방법에 대한 강조가 학문적·과학적 신학 접근법에 속한다는 점이 점점 더 분명해지고 있다. 다른 목소리, 실천, 담론에 주의를 기울여야 한다는 사실이 분명해진 것이다. 다시 말해, 의식의 변화를 촉구하는 로너간의 요청은 공동체 안의 담론에 열려 있을 것을 요구하며, 이는 과거뿐만 아니라 미래에도 귀 기울이는 것을 의미한다. 그러한 담론은 다른 공동체의 목소리를 고려하고 아직 듣지 못한 소리에 귀를 기울일 때 과거와 미래의 온전성에 열린 자세를 갖게 된다. 신학은 방법 그 이상을 수반한다. 신학은 여러 공동체와 문화에 있는 경험과 담론에 기대고 있다.

내가 귀추적 보증, 배경 이론, 전통의 온전성, 담론 공동체로서의 교회의 공교회성/보편성(catholicity)을 결합한 것은 단순히 하나의 방법으로 볼 수 있는 과제가 아니다. 이는 많은 요소를 포괄하고 있다. 그것은 신학을 상관관계로 이해하는 관점을 넘어서고자 하며, 근대적인 방법 중심론을 넘어 확장되는 신학 이해를 북돋고자 한다. 적절한 신학적 접근은 다양한 원천, 다양한 경험, 복수의 기준을 포괄한다. 그것은 현대적 물음을 전통적인 답변이나 상징과 단순히 상관시키는 데 그치지 않는다. 오히려 신학 방법은 무엇

---

1 Lonergan, *A Third Collection*, 3-22.

이 전통을 구성하는지, 그리고 전통에서 무엇이 전형적인지에 대해 판단을 내리는 것으로 이루어진다. 또한 신학 방법은 (전통의 배경 이론과 자기 상황의 배경 이론을 모두 포함하는) 유관한 배경 이론을 성찰하고 다양한 목소리로 표현되는 공동체의 계속되는 실천과 경험을 고찰하는 것으로 이루어지는데, 이는 그것이 진정으로 보편적인(catholic) 신학이 될 수 있기 위함이다.

지금 일어나고 있는 전환은 방법에서 실질적 쟁점으로 이동하는 것이다. 구체적 신념과 다원주의적 관점이 신학에 미치는 영향을 반영하는 쟁점으로 이동하는 것이다. 다양한 해방신학은 가난한 이들과 박탈당한 이들의 필요를 고민하지 않았다는 이유로 신학을 추궁해 왔다. 탈식민주의 신학은 신학의 많은 부분에 내재한 서구적이고 근대적인 편향을 드러내고 강조한다. 캐스린 태너는 최근 다음과 같이 지적했다.

그러한 전환은 우리가 살아가는 다원주의적 세계를 향한 더 큰 신학적 존중을 반영하였다. 계몽주의는 종교 사상의 지적 신빙성에 도전했다. 하지만 유럽과 미국을 비롯한 전 세계에서 학문적 체면보다 훨씬 절박한 염려에 직면한 신학자들이 자기 목소리를 얻게 되면서, 계몽주의의 도전들을 신학의 당연한 출발점으로 삼을 수 없게 되었다. 이제 신학자들은 그리스도교의 타당성에 대한 이론적 논증을 제시하라는 요청보다 다른 요청을 받게 되었다. 사람들에게 있어, 특히 가난한 이들과 억압받는 이들에게 있어 삶과 죽음의 차이를 만들어 내는 중대한 인간적 사안에 대하여 그리스도교가 단지 문제의 일부가 아니라 해결의 일부가 될 수 있는 방식이 무엇인지 설명해 달라는 요청을 받게 되었다.[2]

2   Kathryn Tanner, "Shifts in Theology over the Last Quarter Century," *Modern Theology* 26 (2010): 39-44.

더 읽을거리

신학 역사와 신학 사전

Beinert, Wolfgang, and Francis Schüssler Fiorenza. *Handbook of Catholic Theology*. English language ed., with new materials. New York: Crossroad, 1995.

이 단권 조직신학 사전은 독일어에서 번역되었으며, 일부 미국 관련 항목이 추가되었다.

Congar, Yves. *A History of Theology*. Garden City, NY: Doubleday, 1968.

다소 오래되긴 했지만, 신학 이해의 역사에 대한 여전히 가치 있는 입문서다. 이 책은 원래 프랑스의 고전적 백과사전인 『신학 사전』(*Dictionnaire de théologie*)의 한 항목으로 실렸던 내용이다.

Harnack, Adolf von. *History of Dogma*. 7 vols. New York: Dover, 1961; German ed., 1900.

비록 오래되긴 했지만 고전적이며 여전히 유익한 책이다. 폰 하르낙은 교리를 성서 이후 헬레니즘적 발전으로 보았으나, 헬레니즘 시대 유대교에 관한 최근 연구는 하르낙의 관점을 수정했다.

Jordan, Mark D. *Ordering Wisdom: The Hierarchy of Philosophical Discourses in Aquinas*. Notre Dame, IN: University of Notre Dame Press, 1986.

선도적인 중세학자가 토마스의 신학 개념에 관해 쓴 최고 수준의 연구 모음집이다. 이 책은 토마스 저작의 수용뿐만 아니라 그 수사학적 맥락에 대한 중요한 관찰을 담고 있다.

Kerr, Fergus. *Twentieth-Century Catholic Theologians: From Neo-scholasticism to Nuptial Mysticism*. Malden, MA: Blackwell, 2007.

20세기 주요 가톨릭 신학 저자들을 다루는 이 개괄서는 선택적으로 신학자를 선정했다. 성향 면에서 다소 유럽 중심적이긴 하지만, 신학에서 중요한 현대적 흐름 몇 가지를 고찰하고 있다.

Lacoste, Jean-Yves, ed. *Encyclopedia of Christian Theology*. New York: Routledge, 2005.

이 3권짜리 영문판은 프랑스어 단권 조직신학을 번역한 것이다.

이 책은 현대 프랑스 가톨릭 신학의 조류를 반영하고 있다. 장이
브 라코스트는 탁월한 로마 가톨릭 신학사로 평가받는 『신학사』
(*Histoire de la théologie*. Paris: Éditions du Seuil, 2009)도 편
집했다. 성서 부분은 피에르 지베르가, 교부 및 비잔틴 부분은 파
트리크 데쿠르티외가 썼으며, 중세 시기는 마르크 오질루와 질 베
르스빌이, 16세기부터 20세기까지는 편집자인 장이브 라코스트가
다루었다.

Livingston, James C. *Modern Christian Thought*, vol. 1. James Livingston and Francis Schüssler Fiorenza, *Modern Christian Thought*, vol 2. 2 vols. 2nd ed. Minneapolis: Fortress Press, 2006.●

이 두 권으로 된 근대 그리스도교 신학사는 주로 19세기(1권)와
20세기(2권)를 다룬다. 제2권에는 제2차 바티칸 공의회와 그 맥
락을 비롯하여 로마 가톨릭 신학을 다루는 여러 장이 있다.

● 옮긴이 주: 이 책의 이전 판은 한국어로 번역된 바 있다. 『현대 기독교 사상사
(상)』, 『현대 기독교 사상사(하)』(은성)는 1971년 제임스 리빙스턴이 단독으로
쓴 책(Livingston, James C. *Modern Christian Thought: From the Enlightenment to Vatican II*. New York: The Macmillan Company, 1971)을 번역한
것으로 위 책의 원류다. 그리고 『현대 기독교 사상사 1』(한국장로교출판사)은
위 책의 제1판 제1권(Livingston, James C. *Modern Christian Thought*, vol 1.
NJ: Prentice Hall, 1997)을 번역한 것이다.

McBrien, Richard, and Harold W. Attridge. *The HarperCollins Ency-clopedia of Catholicism*. New York: HarperCollins, 1995.

로마 가톨릭에 관한 포괄적인 백과사전으로, 다루는 범위가 포괄적이고 설명이 간결하며 신학자가 아닌 사람도 쉽게 이해할 수 있는 언어로 쓰였다.

Pelikan, Jaroslav. *The Christian Tradition*. 5 vols. Chicago: University of Chicago Press, 1971-88.

권위 있고 더할 나위 없는 개론서다. 폰 하르낙과 대조를 이루며 쓰인 이 책은 전례와 경건이 신학의 원천으로서 갖는 역할을 고려하고 있다. 제1권 358-76면에 있는 서지 목록과 그 해설은 중요한 가이드다.

Rahner, Karl. *Encyclopedia of Theology: The Concise Sacramentum Mundi*. New York: Crossroad, 1984.

칼 라너는 여러 권으로 된 독일어 백과사전인 『신학과 교회 사전』(*Lexikon für Theologie und Kirche*)의 편집자였는데, 거기서 라너 자신이 쓴 에세이 여러 편이 이 책에 실려 있다.

신학의 본성, 과제, 분과, 방법

Dulles, Avery. *The Craft of Theology: From Symbol to System*. New York: Crossroad, 1992.

신학의 본성을 다루는 에세이 모음집이다.

Ebeling, Gerhard. *The Study of Theology*. Philadelphia: Fortress Press, 1978.

독일 루터교 신학자인 에벨링이 신학의 각기 다른 분과들에 주목하면서 신학 개념을 제안한 책이다.

Farley, Edward. *Theologia: The Fragmentation and Unity of Theological Education*. Philadelphia: Fortress Press, 1983.

신학이 성서학, 역사신학, 조직신학, 실천신학이라는 네 가지 형태로 분화된 기원을 역사적으로 제시한다.

Fiorenza, Francis Schüssler. *Foundational Theology: Jesus and the Church*. New York: Crossroad, 1984.

신학에 대한 신스콜라주의적, 초월적, 해석학적, 현대적 접근 방식들을 참조하여 기초신학의 주요 문제들, 예수님의 부활, 교회의 토대, 기초신학의 본성을 논의한다.

Jenson, Robert W. *Systematic Theology*. 2 vols. New York: Oxford University Press, 1997.

루터교적 관점에서 저술한 2권짜리 조직신학서다.

Jones, Serene, and Paul Lakeland, eds. *Constructive Theology: A Contemporary Approach to Classical Themes*. Minneapolis, Fortress Press, 2005. Print with CD-ROM.

역사적 발전뿐만 아니라 현대의 포스트모던 및 탈식민주의적 관심사까지 모두 고려하여 조직신학적 쟁점들을 제시하고자 여러 신학자가 협력하여 쓴 책이다.

Kasper, Walter. *The Methods of Dogmatic Theology*. Shannon, Ireland: Ecclesia, 1969.

신스콜라주의적 신학 접근법에서 현대적이고 보다 역사 지향적인 신학 접근법으로의 전환을 개괄하는 소책자다.

Kaufmann, Gordon D. *An Essay on Theological Method*. AAR Studies in Religion, no. 11. Rev. ed. Missoula, Mont.: Scholars, 1979.
국역본:『신학 방법론』(한들출판사).

신학적 방법론과 신학의 구성적 과제에 대한 자유주의 개신교의 이해를 현대적으로 재정리한 책이다.

Küng, Hans. *Theology for the Third Millennium*. New York: Double-
day, 1988.

신학의 본성과 신학적 방법론을 다룬 큉의 에세이 모음집이다.

Lindbeck, George. *The Nature of Doctrine: Religion and Theology
in a Postliberal Age*. 25th anniversary ed. Louisville, KY: West-
minster John Knox, 2009. 국역본:『교리의 본성』(도서출판 100).

이 연구서는 제목이 암시하는 것보다 훨씬 더 많은 내용을 담고
있다. 이 책은 신학에 대한 명제적 접근과 표현적 접근에 맞서 문
화-언어적 접근법을 제안한다.

Lonergan, Bernard. *Method in Theology*. New York: Crossroad, 1972.
국역본:『신학 방법』(가톨릭출판사).

로너간은 신학에서 방법론을 사용하는 것과 신학을 여덟 가지로
구분하는 데 인간의 인식 구조가 지니는 중요성을 설명한다.

McGrath, Alister E. *Scientific Theology*. 3 vols. Edinburgh: T&T
Clark, 2001-3.

자연, 실재, 이론이라는 부분으로 나누어서 쓴 3권짜리 조직신학
서다.

Metz, Johannes Baptist. *Faith in History and Society: Toward a Practical Fundamental Theology.* New York: Crossroad, 2007.

메츠의 에세이들을 매튜 애슐리가 새롭게 번역한 이 모음집은 실천신학이자 정치신학으로서의 기초신학의 기본 개념을 잘 보여 준다. 애슐리가 작성한 서론과 연구용 질문은 학생에게 유용하다.

Pannenberg, Wolfhart. *Theology and Philosophy of Science.* Philadelphia: Westminster, 1976.

독일 루터교 신학자인 판넨베르크는 과학과 역사에 대한 다양한 개념, 신학 개념의 역사, 그리고 종교사로서의 신학이라는 자기 고유의 개념을 제시한다. 아울러 신학의 다양한 분과에 대한 스케치를 제공한다.

Rahner, Karl. *Foundations of Christian Faith.* New York: Seabury, 1978. 국역본: 『그리스도교 신앙 입문』(분도출판사).

이 책은 그리스도교의 기본 개념 및 그리스도교 신앙의 내용과 관련하여 전개한 라너의 초월적 기초신학을 전형적으로 보여 준다.

Ratzinger, Joseph. *Principles of Catholic Theology: Building Stones for a Fundamental Theology.* San Francisco: Ignatius, 1987.

성서와 전통, 교회와 신학, 신앙과 신학에 관한 라칭거 추기경의 에세이 모음집이다.

Schleiermacher, Friedrich. *Brief Outline on the Study of Theology.*
Atlanta: John Knox, 1966.
개신교의 고전인 이 책은 신학 분과 구분에 지대한 영향을 미쳤
다.

Sobrino, Jon, and Ignacio Ellacuría. *Systematic Theology: Perspec-tives from Liberation Theology.* Maryknoll, NY: Orbis, 1996.
이 책의 초판*을 모델로 삼아 저술한 방대한 책 『해방의 신비』
(*Mysterium Liberationis*)에서 발췌한 에세이 모음집이다.

Tracy, David. *The Analogical Imagination.* New York: Crossroad,
1981.
트레이시는 시리즈의 첫 번째 권에 해당하는 이 책에서 상상력,
은유 사용, 해석학 이론이 신학에 어떻게 기여하는지 개괄한다.

———. *Plurality and Ambiguity: Hermeneutics, Religion, Hope.*
Chicago: University of Chicago Press, 1994.
트레이시가 저술한 이 두 번째 책은 보다 최근의 해체주의적 접근
법들을 고려하고 있다.

● 옮긴이 주: Fiorenza, Francis Schüssler, and John P. Galvin, eds. *System-atic Theology: Roman Catholic Perspectives.* 2 vols. Minneapolis: Fortress Press, 1991.

von Balthasar, Hans Urs. *The Glory of the Lord.* 7 vols. San Francisco: Ignatius, 1982-89.

――. *Theo-Drama: Theological Dramatic Theory.* 5 vols. San Francisco: Ignatius, 1988-98.

――. *Theo-Logic.* 3 vols. and Epilogue. San Francisco: Ignatius, 2004-5.

폰 발타자르의 이 다권본 조직신학은 그의 평생에 걸친 연구의 결정체다. 이 저작들은 신학에 대한 그의 기본 주제와 접근 방식을 전형적으로 보여 준다.

인명 찾아보기

ㄹ

라너, 칼(Rahner, Karl) 18n11, 37(n27), 78(n4), 80-82(nn10, 12), 83n13, 84-88(n15), 92n22, 109-10(n51), 140, 141n1, 151n13, 152n14, 157, 160, 162, 165(n28), 166(n29), 169, 179, 181n11, 183, 201-2(nn42, 44), 211, 215

라칭거, 요제프(Ratzinger, Joseph) 12n3, 78, 88, 97(n32), 107n45, 115, 119-21 (nn64-67), 144(n6), 150-52(nn13-14), 154n15, 180n10, 188, 191-93(nn31-32), 199(n40), 202(n43), 215. 또한 '요한 바오로 2세 교황'을 보라.

라코스트, 장이브(Lacoste, Jean-Yves) 185, 202, 203n45, 209-10

랑, 알베르트(Lang, Albert) 59n68, 151n13

레비나스, 에마뉘엘(Levinas, Emmanuel) 198(n38)

레오 13세 교황(Leo XIII, Pope) 38, 75

레이클랜드, 폴(Lakeland, Paul) 213

로너간, 버나드(Lonergan, Bernard) 78, 79n5, 98-105(nn33-39), 110-11(nn50-52), 157-58(n17), 162, 179, 204-5(n1), 214

로젠츠바이크, 프란츠(Rosenzweig, Franz) 198

롬바르두스, 페트루스(Lombard, Peter) 36, 42-43, 45n41, 52-53, 56

루터, 마르틴(Luther, Martin) 37, 50(n55), 57, 79n8

뤼박, 앙리 드(Lubac, Henri de) 37(n26), 79(n7), 186, 188

류터, 로즈마리 래드포드(Ruether, Rosemary Radford) 115(n57), 121-22(nn68-70), 123n71, 124

리빙스턴, 제임스 C.(Livingston, James C.) 210

리츨, 알브레히트(Ritschl, Albrecht) 153

리쾨르, 폴(Ricoeur, Paul) 92-95(n26), 188

린드벡, 조지(Lindbeck, George) 92n22, 178-80(n5), 202n44, 214

ㅁ

마레샬, 조제프(Maréchal, Joseph) 81(n11)

마리옹, 장뤽(Marion, Jean-Luc) 181, 184, 185n18

맥그래스, 알리스터 E.(McGrath, Alister E.) 214

맥멀린, 어넌(McMullin, Ernan) 160n19, 161(n20)

맥브라이언, 리처드(McBrien, Richard) 211

메츠, 요한 밥티스트(Metz, Johann Baptist) 79(n8), 128(n78), 132n83, 159n18, 165n27, 190-91(n30), 215

멜란히톤, 필리프(Melanchthon, Philipp) 59n67

묄러, 요한(Möhler, Johann) 76

밀뱅크, 존(Milbank, John) 179(n7)

ㅂ

바르트, 칼(Barth, Karl) 50, 51n56, 120, 178, 180, 182-83

바실리우스, 대(大)(Basil the Great) 170

바인에르트, 볼프강(Beinert, Wolfgang) 208

발타사르, 한스 우르스 폰(Balthasar, Hans Urs von) 88(n17), 181-84(nn13-14, 16-17), 186, 187n24, 196n37, 199n40, 202, 217

암브로시우스(Ambrose) 170

앙리, 미셸(Henry, Michel) 185(n20)

애슐리, 매튜(Ashley, Matthew) 215

애커란, 제럴드 밴(Ackeran, Gerald van) 46(n46)

애트리지, 해롤드 W.(Attridge, Harold W.) 211

야우스, 한스(Jauss, Hans) 188

야코비, 프리드리히(Jacobi, Friedrich) 76

에벨링, 게르하르트(Ebeling, Gerhard) 11n1, 212

에브너, 페르디난트(Ebner, Ferdinand) 198

에크, 요한 폰(Eck, Johann von) 57

엘라쿠리아, 이그나시오(Ellacuría, Ignacio) 216

예딘, 후베르트(Jedin, Hubert) 170-72(nn32-33)

오그덴, 슈버트(Ogden, Schubert) 33n19, 123-24(n74)

오리게네스(Origen) 10, 24-26(nn3-5), 100n33, 104, 170

오브라이언, 토마스(O'Brien, Thomas) 46(n48)

오질루, 마르크(Ozilou, Marc) 210

오컴의 윌리엄(Ockham, William of) 56

와이셔이플, 제임스(Weisheipl, James) 46(n47)

요한 바오로 2세 교황(John Paul II, Pope) 180-81(n8). 또한 '라칭거, 요제프'를 보라.

요한 크리소스토무스(John Chrysostom) 170

위그, 생빅토르의(Hugo of Saint Victor) 52

윌리엄, 오세르의(William of Auxerre) 45

유스티누스(Justin) 23

이그나티우스, 안티오키아의(Ignatius of Antioch) 23

이냐시오, 로욜라의(Ignatius of Loyola) 166n29

이레네우스(Irenaeus) 23(n2)

인노첸시오 3세 교황(Innocent III, Pope) 171

ㅈ

자니코, 도미니크(Janicaud, Dominique) 186(n22)

제클러, 막스(Seckler, Max) 79(n8)

제프레, 클로드(Geffré, Claude) 32, 96n30, 142n3

젠슨, 로버트 W.(Jenson, Robert W.) 213

조던, 마크 D.(Jordan, Mark D.) 40n31, 209

존스, 세린(Jones, Serene) 213

지베르, 피에르(Gibert, Pierre) 210

ㅋ

카노, 멜키오르(Cano, Melchior) 58-60(nn65-68)

카란사, 바르톨로메(Caranza, Bartolomé) 57, 58n65

카스퍼, 발터(Kasper, Walter) 60n70, 63n73, 66n78, 69n80, 88, 89n18, 198n39, 202(n43), 213

카우프만, 고든 D.(Kaufmann, Gordon D.) 213

칸트, 임마누엘(Kant, Immanuel) 39, 75, 78(n4), 80-81, 104, 197-98

칼뱅, 장(Calvin, John) 37
칼뱅주의 182

커, 퍼거스(Kerr, Fergus) 209